LA

LOI DU PROGRÈS

PENSÉES ET PRÉCEPTES

PAR

F. LEURS

A. V.

PRIX : 2 Fr. — Par Poste : 2 Fr. 25

Seul dépôt chez E. LEURS, Cassel (Nord)

EN VENTE CHEZ TOUS LES LIBRAIRES.

ARMENTIÈRES

IMPRIMERIE ET LIBRAIRIE DE A. VERBAERE, RUE DE LILLE

—

1880

LA

LOI DU PROGRÈS

PENSÉES ET PRÉCEPTES

PAR

F. LEURS

ARMENTIÈRES

IMPRIMERIE ET LIBRAIRIE DE A. VERBAERE, RUE DE LILLE

—

1880

LA

LOI DU PROGRÈS

Lorsqu'on passe en revue l'histoire des peuples ou lorsqu'on étudie les différentes branches des connaissances humaines, il en ressort un enseignement frappant, savoir la tendance de l'homme à améliorer son sort sous le rapport physique, et à pénétrer de plus en plus les mystères du monde dont il est la plus noble créature. L'humanité suit donc, ou plutôt semble assujettie à une loi, la **LOI DU PROGRÈS**. Il est vrai qu'il y a dans la vie des peuples des époques où la civilisation ne progresse pas ; il y en a même où elle recule d'une façon effrayante, mais cela n'est que passager et n'infirme pas ce que nous venons de dire : peu à peu la barbarie fait place aux sentiments humains, l'erreur ou la mauvaise foi à la vérité et à la justice.

Pénétré de l'exactitude de ces faits, j'ose dire que LA MISSION DE L'HOMME SUR LA TER-RE EST LA RECHERCHE DE LA VÉRITÉ EN TOUTES CHOSES. Toutes nos luttes doivent donc tendre vers ce but sacré.

Le savant qui sonde patiemment les lois po-sées par le Créateur et qui régissent le monde, l'humble cultivateur dont le dur labeur produit les subsistances nécessaires à la vie, sont en butte à l'erreur et luttent l'un et l'autre pour la vérité qui est, pour le premier de dévoiler les grands mystères de la nature, et pour le second de se conformer aux lois qui règlent la végéta-tion pour tirer de sa terre le maximum de produit.

Sitôt une découverte faite, elle trouve sa ré-compense en faisant jouir l'homme de tous les bienfaits dont elle est la source : quels services n'a pas rendus à la société le docteur Jenner en découvrant la vaccine ?

La découverte de la photographie, des machi-nes à vapeur, de la télégraphie électrique, ces mystérieux problèmes posés par le Créateur à ses créatures, ont révolutionné le monde en y apportant la fraternité et le bien-être. Combien d'autres restent à résoudre, qui feront la gloire des uns, le bonheur de tous. Respect donc aux génies qui font progresser le monde ! Tout ami du Progrès et de la Vérité est un bienfaiteur de l'humanité, tout ennemi en est un fléau.

PENSÉES ET PRÉCEPTES

1

L'homme sensé n'affirme que ce dont il est certain. Pour tout ce qui ne peut se prouver, libre à chacun d'avoir sa manière de voir. Celui qui n'admet pas cela est un esprit étroit ou un brouillon.

2

Un état, un établissement, une famille ne sont en paix et prospères qu'autant que chacun y a à cœur ses attributions et n'empiète pas sur celles des autres.

3

On croit ce que l'on peut et non ce que l'on veut. Mais en tout, vérité, sincérité.

4

Avant preuve du contraire, il faut regarder toute personne comme sage et honnête.

4

Il en coûte parfois cher d'être franc et sincère ; mais la franchise et la sincérité portent en elles leur récompense.

6

Tant vaut le caractère, tant vaut l'homme.

7

La prospérité d'un pays se mesure au degré de bien-être de sa population.

8

Le travail est l'ami de l'homme, et loin de l'humilier il l'honore.

9

Il faut tout demander à la libre discussion et au bon sens. Celui qu'on ne soumet à sa volonté ou à ses principes que par la force ou la menace, est un ennemi redoutable. Quand on ne peut pas convaincre par le raisonnement, il faut abandonner la partie.

10

Les plus belles charités sont celles qui sont prélevées sur le nécessaire.

11

Voulez-vous vous instruire ? lisez peu, mais lisez bien. Toutes les fois que vous rencontrez

quelque chose qui vous intéresse particulière-
ment, prenez des notes, des notes, toujours des
notes.

12

L'ignorance et la misère sont les deux ennemis mortels de toute civilisation.

13

Ceux qui ont le bonheur de posséder la
meilleure éducation doivent toujours en faire
preuve.

14

On est plus souvent victime de ses propres
fautes que de celles des autres.

15

L'homme en quittant cette vie n'emporte que

ses bonnes et ses mauvaises actions. Pourquoi alors cette passion outrée des richesses ?

16

Le partage des mêmes épreuves unit les cœurs. C'est ainsi que le service militaire pour tous effacera cette vieille animosité des classes, cause première de toute révolution. Les classes elles-mêmes sont appelées à disparaître et à faire place à une grande famille unie par la fraternité.

17

Ne pouvant répondre de nous-mêmes, pourquoi diable vouloir répondre des autres !

18

De bons amis et l'estime des honnêtes gens, voilà ce qui rend l'homme heureux ici-bas.

19

La politesse est le meilleur signe d'une bonne éducation.

20

Heureux les gens qui reconnaissent leurs torts. Ceux-là seuls s'améliorent.

21

L'honnêteté est la vertu mère chez l'homme ; la paresse est le pire de tous les vices.

22

Il n'y a pas de plus douce satisfaction pour l'homme que celle du devoir accompli.

23

La tempérance dans le boire et le manger, un exercice modéré et l'observance des soins hygiéniques, constituent la base de la santé.

24

Gens sincères, bonnes gens ; fausses gens, mauvaises gens.

25

Chacun doit suivre la voie qu'il croit être la meilleure pour assurer son bonheur en cette vie et en l'autre.

26

Les économies mal entendues sont ruineuses.

27

Donner raison à qui a tort, c'est lui rendre un bien mauvais service. Ou bien on le laisse dans l'ignorance d'une vérité toujours bonne à connaître, ou bien on avive ses mauvaises passions qui tôt ou tard le conduiront à de fatales conséquences.

En tout et avec tous soyons donc toujours
francs et sincères.

Ceux que la franchise offusque et blesse
sont des sots ou des méchants. Les guérir par
une application soutenue de la saine doctrine
de la sincérité et de la tolérance, c'est leur
rendre un service signalé dont ils apprécieront
un jour tous les bienfaits.

28

La passion exagérée des richesses conduit
l'homme à sa perte.

29

Il est mille fois plus facile de prévenir une
maladie que de la combattre.

30

L'enfant qui n'aime pas ses parents, le
citoyen qui n'aime pas sa patrie sont des
misérables.

31

On juge l'homme à ses actes et non à ses
paroles. Les vantards sont généralement des
gens de peu de mérite.

32

La liberté de conscience est la première des
libertés de l'homme. Quiconque ne la respecte
pas est un tyran !

33

Quelle triste devise que : « chacun pour soi ».
Quand donc la saine loi de la solidarité sera-
t-elle une réalité ?

34

L'homme est enclin à se plaindre des accidents indépendants de sa volonté; ce dont il

ne se plaint pas et dont il devrait seul se plaindre, c'est de sa sottise : c'est-à-dire des maux qu'elle engendre.

35

En tout, promettons peu et tenons beaucoup.

36

La flatterie est une basse passion : elle abaisse celui qui en use et aveugle celui qui la reçoit.

37

Autant il est beau d'exposer sa vie pour l'accomplissement de ses devoirs ou faire une bonne action, autant il est sot de l'exposer pour un motif futile ou dans un but de vaine gloriole.

38

La manière de donner vaut souvent mieux que ce que l'on donne.

39

Promesse oblige.

40

Le temps n'a de valeur que par l'usage qu'on en fait.

41

Voulez-vous la preuve qu'il ne suffit pas d'être sincère pour bien faire? Tous ne demandent qu'à prospérer et s'enrichir. Combien, hélas! passent à côté de la vérité. C'est tout simplement qu'ils se trompent sur la valeur des moyens dont ils font usage.

42

L'hypocrisie est un vice honteux. J'aime mieux un franc brutal qu'un faux dévot.

43

L'homme est le plus innocent des êtres. Mais s'il ne sait rien et qu'il faille lui apprendre à téter comme l'a dit avec raison M. Thiers dans une circonstance mémorable, il possède en germe des dons admirables, mais aussi des vices. Suivant la culture, les uns ou les autres fructifieront; de là la nécessité d'une bonne éducation et instruction.

44

Il faut payer ses erreurs. Et de bonne grâce.

45

Les erreurs se propagent bien mieux que les vérités; les mauvais exemples ont bien plus d'imitateurs que les bons.

46

Exiger de quelqu'un au delà de ce que sa bonne volonté peut rendre, c'est absurde. Qui fait ce qu'il peut, fait ce qu'il doit.

47

L'enfant est ce que le font l'éducation et l'instruction ; il y a une Association qui le sait mieux que toute autre.

48

En ce bas monde il faut toujours en voir plus loin que le bout de son nez ; sans cela on le cogne au premier obstacle qu'on rencontre. Ceci veut dire qu'avant l'accomplissement d'un acte quelconque, il faut toujours envisager quelles en seront les conséquences probables.

49

La responsabilité croît avec l'importance des fonctions. Cela mérite les réflexions de ceux qui briguent les hautes positions.

50

Il y a des gens qui se plaignent qu'il y a toujours quelque chose. Parbleu ! la belle malice. Quand ils n'ont pas de difficultés, ils s'en créent.

51

L'instruction étant le plus précieux des biens que puisse posséder l'homme, quoi qu'on fasse, on ne peut s'acquitter entièrement envers ceux qui nous l'ont donnée.

52

Tout peuple qui ne peut vivre en République n'en est pas encore digne. Il lui reste à s'éclairer et à s'assagir.

53

La calomnie est le poison de la société ! Que ne nous occupons-nous un peu plus de nous-mêmes et un peu moins des autres !

54

En bonne justice, l'homme n'est responsable que de ses propres fautes ; pourquoi donc vouloir qu'il porte encore le poids de celles des autres ?

55

La sincérité est la base de l'union et de la concorde. Ceux qui pèchent par ignorance sont à mon avis peu coupables, mais leur aveuglement peut les conduire à de fâcheuses conséquences. Ceci indique assez quelle est la tâche de chacun ici-bas : apprendre et instruire.

56

Une fausse honte, c'est celle qui consiste à ne pas oser revenir de ses anciennes erreurs. Braves gens, vous prétendez donc à l'infaillibilité ?

57

Le fanatisme est une passion aveugle qui conduit à tous les excès.

58

Que de peine ne se donnerait-on pas pour sauver un millier de francs ; eh bien, que ne doit-on pas faire pour nous renseigner sur nos devoirs politiques qui mettent en jeu notre fortune, notre vie et l'avenir de nos enfants !

59.

Les bonnes actions trouvent tôt ou tard leur récompense, les mauvaises leur châtiment. Ce n'est que justice.

60

Ne soyons pas fier avec ce que nous tenons des autres: nom ou fortune. Tout au plus peut-on s'honorer de ses propres mérites. Et ici encore la modestie ne gâte rien.

61

Les braves gens ne veulent que ce qu'elles méritent. Elles aiment mieux qu'on leur doive plutôt que devoir aux autres.

62

Le bon ordre fait les bonnes affaires.

63

Il y en a qui meurent de bien-être, d'autres de misère ; les derniers sont à plaindre, les premiers à blâmer.

64

Le meilleur moyen d'éviter les dangers et les périls du monde, c'est de les connaître.

65

Voulez-vous grandir dans le monde? Faites-
vous humble.

66

Le plus savant ignore encore plus de choses
qu'il n'en connait.

67

Une mésalliance que je ne comprends pas
c'est celle de la dévotion et de l'orgueil.

68

Prêcher par paroles est bien, prêcher par
exemple vaut mieux.

69

La vraie justice, c'est l'égalité au profit de tous. Il n'y a que des citoyens égaux en droits, inégaux en mérite et en utilité.

70

Il y a des gens qu'on ne peut contenter quoi qu'on fasse ; c'est la meilleure preuve de leur sottise.

71

Le bien le plus précieux que l'homme puisse posséder, c'est d'être en paix avec sa conscience.

72

Rien ne prouve mieux le peu de bonne foi chez les gens que les louanges faites d'un ami se changeant en blâmes dès qu'il est leur ennemi. Et pourtant l'homme est le même.

73

La propreté est aussi salutaire qu'agréable.

74

Celui qui veut plaire à tout le monde ne plait à personne.

75

Les bonnes actions cachées sont les plus méritoires.

76

Ne prévenez jamais que ce que vous allez dire est vrai ; cela donnerait à croire que d'habitude vous mentez.

77

Toute peine mérite salaire, toute faute mérite correction.

78

L'enfant étant ce que le font l'éducation et l'instruction, que ceux qui ont à tâche de les leur donner réfléchissent à la responsabilité qu'ils encourent !

79

Méfions-nous de ceux qui nous disent du mal des autres ; ils en diront de nous.

80

L'esprit de parti est sourd à la voix de la justice.

81

Il n'y a qu'un cas où l'on doive regretter le temps passé, c'est lorsqu'on en a mal usé.

82

L'ouvrier, le malheureux éprouvent une douce émotion quand ils reçoivent un salut ou une marque quelconque de respect de la part des grands, parce qu'ils les savent désintéressés. Riches, pourquoi donc refuser aux humbles une satisfaction qui ne vous coûte rien ?

83

L'égoïsme est la ruine des peuples, le dévouement fait leur force.

84

Rien n'est aussi propre à former le jugement

que l'étude des sciences naturelles. Elles seules font comprendre la beauté de la nature et l'esprit de sagesse qui a présidé à la création de toutes choses.

85

Le vrai mérite est modeste.

86

Il n'y a pas de satisfaction pour l'homme qui n'en trouve pas dans ses occupations habituelles.

87

Gens rancuniers, mauvais caractères.

88

Le règne de la force brutale est fini; celui de la raison et de la vérité doit commencer.

89

Voulez-vous parvenir? Travaillez. Ici-bas tout est pour le travailleur, rien pour le paresseux.

90

Quand on n'a pas ce que l'on aime, il faut aimer ce que l'on a.

91

Une erreur indigne que je n'oserai pas me permettre, c'est de regarder la Providence comme la cause de tous nos maux. Les vrais coupables ce sont nos mauvaises passions.

92

La mort a quelque chose de terrible pour les méchants ; elle n'a rien qui effraie les bons.

93

Je ne sais rien de plus respectable que l'honnête travailleur. Riches désœuvrés, ayez donc quelque respect pour lui, car c'est grâce à sa sueur que vous pouvez mener une vie oisive tout en ne manquant de rien.

94

La vie, c'est le travail, le mouvement ; le repos, l'indolence, c'est la mort. Soyons donc actifs.

95

Il ne faut avoir de superstition pour personne. Le temps des idoles est passé.

96

L'argent est le plus puissant agent de domination qu'il y ait sur terre. Sachons donc bien où nous le donnons.

97

Donnons nos bons conseils, ne les imposons pas. En vraie justice, nous ne pouvons défendre à personne de jeter son bien au vent ou de se nuire à lui-même. Avertissement donné, notre devoir est rempli.

98

L'oisiveté tue plus de gens que le travail.

99

Etre malade est un métier ; comme tous les autres il demande un apprentissage.

100

Les lois, quelles qu'elles soient, doivent être obéies ; si on les trouve injustes, qu'on travaille par les moyens permis à leur modification.

101

Tout ce que nous ne comprenons pas est mystère. Ce qui est mystère aujourd'hui peut ne plus l'être demain.

102

L'Empire a ruiné la France, la République paie ses dettes. Des deux conduites, laquelle est la plus noble ?...

103

Qui veut trop n'a rien.

104

Les cœurs véritablement forts sont ceux qui savent résister au danger et à la tentation. Ceux qui ne pèchent pas faute d'occasion laissent encore bien à désirer. Les premiers sont à l'épreuve, les seconds demandent à ne pas la subir.

105

Toutes les transitions brusques sont dangereuses.

106

Voulez-vous que la nourriture vous goûte et vous profite ? N'en prenez jamais avant que le besoin s'en fasse sentir. Il faut répondre aux besoins de l'estomac et non les prévenir.

107

La santé est un trésor que l'on peut dissiper follement. Les excès de quelque nature qu'ils soient l'affaiblissent et peuvent même l'anéantir sur le coup. Par un sage régime on peut l'augmenter de même que l'économie grandit la fortune.

108

Contentement passe richesse.

109

Il est beau et sage d'être économe quand il
y a lieu de l'être.

110

Le mariage est l'acte le plus important de la
vie. Il décide de notre bonheur ou de notre
malheur. Ne nous y engageons donc pas à la
légère. Pensons bien aux devoirs sacrés qu'il
impose.

111

On ne s'instruit guère par les malheurs d'autrui.

112

L'homme est enclin à vouloir occuper une
position au-dessus de ses capacités. On dirait
que des fonctions plus modestes l'humilient.

3

Et cependant la première condition de succès c'est d'être bien préparé aux fonctions ou à la position qu'on ambitionne.

113

Le bon ordre dans les affaires évite les difficultés et est le premier élément de succès.

114

Je déteste autant la cajolerie que la grossièreté. Ceux qui passent de l'une à l'autre sont de mauvais caractères.

115

Les peuples éclairés se gouvernent eux-mêmes, les peuples ignorants demandent à l'être. C'est logique.

116

Celui que le travail contrarie ne travaille pas volontiers.

117

La routine et les préjugés sont des forces presque indestructibles.

118

Il est des dettes dont nous ne pouvons nous libérer entièrement, comme celles contractées vis-à-vis nos parents et ceux qui nous ont donné l'instruction. Pour le moins restons-leur toujours reconnaissants.

119

Les bons outils sont indispensables pour faire du bon travail.

120

Tout excès est nuisible.

121

Les mauvaises choses demandent à être flattées ; les bonnes se flattent elles-mêmes. Il en est de même des personnes.

122

La bonne culture est coûteuse ; la mauvaise, ruineuse.

123

Voulez-vous laisser des regrets après vous ? Travaillez à en mériter.

124

C'est heureux d'être beau de corps quand avec cela on ne cesse pas d'être aimable.

125

Les distractions sont nécessaires à l'homme, à plus forte raison à l'enfant.: mais toujours des récréations honnêtes, les seules qui laissent de bons souvenirs.

126

Avec les hypocrites il faut s'attendre à tout et ne s'étonner de rien.

127

Est ridicule qui ne suit pas le ridicule des autres. Il est des cas où il est bon de l'affronter, sans quoi les pratiques absurdes une fois créées jouiraient du privilège de la perpétuité.

128

Le bon ouvrier enrichit le maître, le mauvais le ruine.

129

Soyons résignés dans les maladies. Appelons à notre secours l'aide de la science, mais évitons les impatiences et les murmures qui ne peuvent qu'empirer notre état, et prouvent des caractères faibles.

130

Il faut travailler pour les autres avant de travailler pour soi.

131

La République est le gouvernement de tous par tous. C'est le seul qui convienne aux peuples éclairés. Les premières fonctions y reviennent aux plus sages, aux plus capables ; en un mot, aux plus dignes.

132

Méfiez-vous des méchants ; quant aux bons, vous n'avez rien à craindre de leur part.

133

Les vrais amis sont ceux qui vous restent fidèles dans le malheur.

134

En tout et pour tout la verité finit toujours par avoir raison de l'ignorance ou du mauvais vouloir des gens.

135

On n'apprécie la valeur d'une chose que lorsqu'on en est privé.

136

L'homme doit être l'esclave de son travail.

137

Admettez-vous que l'on puisse différer d'opinion et être également sincères ? Si oui, livronsnous à la discussion ; si non, le mieux est de nous taire.

138

Les deux grandes plaies de l'humanité sont : l'ignorance et l'ambition.

139

Il faut être sévère pour soi, indulgent pour les autres.

140

Qui n'aime pas le pauvre n'aime pas Dieu. Oh ! gens riches sans commisération, que ne peut-on vous soumettre quelques mois aux

étreintes de la faim et du froid! Si une telle
épreuve ne vous rendait meilleurs, c'est qu'elle
serait insuffisante, et dans votre propre intérêt
il y aurait lieu de la renouveler.

141

Les leçons ne sont fructueuses qu'autant
qu'elles coûtent cher.

142

J'entends dire souvent qu'il y a peu de ménages où règne la paix : à peine cinq sur cent.
Qu'est-ce que cela prouve ? Tout simplement
qu'il y a plus de sots que de gens raisonnables !
De ce côté il nous reste donc pas mal de progrès à faire.

143

Le mensonge avilit l'homme et est la cause
de bien des maux. Donc, plus de mensonges.

144

On juge toujours les autres d'après soi-même.

145

Les peuples comme les individus qui ne profitent pas des leçons de l'expérience marchent sûrement vers leur perte.

146

Pour être à même de commander, il faut avoir obéi !

147

Le travail est l'ami de l'homme. Celui qui ne trouve pas son bonheur dans ses occupations habituelles est malheureux.

Il n'y a que le bon travail qui procure de la

satisfaction ; la première condition pour être heureux c'est donc d'apprendre à bien travailler.

148

Est heureux qui sait l'être.

149

Ceux qui ont le plus de savoir-vivre doivent toujours en faire preuve dans leurs actes et leurs paroles. On ne peut exiger des gens des qualités qu'ils ne peuvent posséder.

150

L'important dans la vie c'est d'apprendre à voir ce que l'on a à faire.

151

Malheureux ! les joueurs d'argent. Pour eux ni trêve ni repos, ni travail, ni famille.... Plus rien, sinon leur perte et le désespoir des leurs !

152

Il n'y a rien de plus intolérant que l'ignorance !

153

La mort est une épreuve à subir commune à tous les êtres. Pourquoi donc nous révolter contre une loi aussi égalitaire ?

154

Vos politesses vous coûtent-elles ? Ne m'en prodiguez pas ; car elles vous feraient plus de mal qu'elles ne me feraient de bien.

155

L'homme sage et prévoyant règle toujours ses dépenses sur ses ressources. Quand les désirs croissent plus vite que les revenus on marche à sa ruine. Il n'est pas possible de fixer les ressources nécessaires au bien-être. Il y a des personnes qui avec deux mille francs par an ont un budget qui se solde en bénéfice, d'autres avec cent mille francs de rentes ont un budget qui se solde en perte. Les premiers s'enrichissent, les seconds se ruinent.

156

Seuls, ceux qui ne connaissent rien savent tout.

157

Bien que le temps présent seul nous appartienne, le passé et l'avenir sont pour ainsi dire l'unique objet de nos préoccupations. Il serait bon d'augmenter la part du présent.

158

Les épreuves ennoblissent les âmes fortes.

159

Quand on agit contre les règles de la saine raison ou de la vérité, tôt ou tard on est victime de son ignorance ou de sa perversité.

160

Celui qui n'est pas content de lui-même n'est content de personne.

161

Les progrès durables sont rarement le fruit de la précipitation.

162

Voulez-vous vivre heureux ? Soyez sage et

honnête afin de ne pas appréhender la mort vers laquelle nous marchons d'une façon si rapide et certaine.

163

Mieux vaut pécher par excès de prudence que par défaut.

164

La tolérance engendre la paix ; la communauté de sentiments, l'amitié.

165

Serait-il prudent de confier les intérêts d'une commune à une seule personne, au maire par exemple ?...

Ses capacités seraient-elles suffisantes pour que dans les questions multiples qui se présenteraient à lui, il les résolût toujours au mieux des intérêts des contribuables ?...

N'y aurait-il pas à craindre que la passion, l'intérêt personnel, l'esprit de coterie ne le mènent à engager follement les deniers de ses administrés ?...

Si ces dangers sont réels quand il s'agit d'une commune, qu'en pensez-vous quand il s'agit d'un Etat ?...

166

Le bien ne ressort souvent que de l'excès du mal.

167

La charrue, le commerce, l'industrie et la fraternité sont les bienfaits des peuples ; les canons, le sabre, la bataille et les conquêtes en sont les fléaux !

168

Il est beau de jouir des belles et bonnes

choses, mais il est encore plus beau de savoir les produire.

169

Le plus sûr moyen de garder une chose, c'est de n'avoir pas peur de la perdre.

170

Quand on est dans l'embarras et qu'on ne sait pas comment s'en tirer, le plus sage est de demander conseil aux personnes compétentes.

171

Il faut savoir pour prévoir, il faut prévoir pour agir.

172

L'homme est l'ennemi de l'homme ! O perversion de la nature humaine ! En effet, les neuf dixièmes des maux dont on souffre ici-bas sont le résultat des passions humaines. L'union et la concorde changeraient la face du monde, car il ne resterait plus qu'à lutter contre les éléments de la nature que la science apprend de mieux en mieux à connaître et à maitriser. Guerre donc à nos mauvaises passions !

173

Pour mourir en paix, il faut vivre en honnête homme.

174

Toujours du plaisir n'est plus du plaisir. Pour jouir des dons et des bienfaits de la nature, il faut toujours en user modérément.

175

L'exercice est aussi salutaire au corps que l'étude à l'esprit.

176

Ne nous moquons jamais des infirmités d'autrui. Non seulement c'est mal pratiquer la charité, mais encore si l'on sait ce que l'on est, on ne sait pas ce que l'on peut devenir.

177

Avant d'apprendre à vivre de la plume il faut apprendre à mourir de faim.

178

Heureuses gens que celles pour lesquelles le temps est toujours trop court. Ceux qui sont dans la peine, souffrent ou manquent du né-cessaire le trouvent toujours trop long.

179

Voulez-vous qu'on vous pardonne ? pardon-nez aux autres. Les grands cœurs sont toujours prêts au pardon.

180

Le riche se plaint qu'il manque d'appétit ; mais alors que doit faire le pauvre qui manque de pain ?

181

N'aimant pas la flatterie, je crois que tout le monde est de même ; aussi, je n'en use avec personne.

182

Le devoir avant tout. Il faut toujours commencer par les choses les plus pressantes.

183

Vous qui parlez à chaque instant de charité chrétienne, vous osez jeter la pierre à ceux qui parlent de pardonner à de malheureux que le

besoin a un instant aveuglés ! Comme vous
en devez vouloir à Jésus-Christ pour avoir par-
donné à ses bourreaux !

184

Un mensonge souvent répété finit par faire
office de vérité.

185

Telles mères, telle génération. Ayons donc
bien soin de l'éducation de nos filles.

186

L'ignorance est la complice inconsciente de
la méchanceté. Supprimez l'une et vous portez
un coup mortel à l'autre.

187

Tous les peuples sont frères et l'humanité entière n'est qu'une grande famille. A bas donc les vieilles rancunes et les animosités!

188

Déplorons les excès de la Révolution de 1789; mais n'oublions pas que d'esclaves elle nous a faits hommes libres.

189

On a beau être heureux ; quand on l'ignore, on est malheureux.

190

Les regrets du cœur sont rarement représentés par les marques extérieures manifestées auprès du mourant ou de sa dépouille mortelle ;

assez souvent ils sont en sens inverse. Ceux-là seuls vous regretteront sincèrement qui de votre vivant vous aimaient et vous respectaient.

191

Un mauvais arrangement vaut mieux qu'un bon procès.

192

On est aisément victime des dangers qu'on ignore. Enseignons donc à nos enfants, mais avec les ménagements dus à leur âge, les périls de la vie.

193

Celui qui ne trouve pas de satisfaction chez lui n'en trouve nulle part.

194

L'homme heureux est celui qui sait se contenter dans la position qui lui est faite. Toute son ambition se borne aux améliorations qu'il peut conquérir par son travail et sa bonne conduite.

Le vrai moyen de se rendre malheureux, c'est de vouloir ce que l'on ne peut obtenir.

195

Un bon livre est un trésor.

196

Il y a un vice qui grandit avec l'âge : c'est l'avarice. Explique qui pourra.

197

Quand une nation abdique volontairement ses droits en faveur d'un homme et que cet homme la conduise à sa perte, elle ne peut s'en prendre qu'à elle-même, c'est-à-dire à son ignorance. C'est une règle ici-bas qu'on est toujours victime de son ignorance. Voilà donc la plaie de l'humanité. Guerre donc à l'ignorance !

198

Toujours et à chaque instant l'homme est en danger d'accident. Il faut donc être prudent dans tous les actes de la vie, mais pousser la prudence jusqu'à l'abstention serait, dans la majorité des cas, absurde.

199

Il est très doux de recevoir la charité lorsqu'on est dans le besoin, mais il est autrement agréable de donner que de recevoir.

200

Quelque critique que soit une position, elle comporte encore un bien-être relatif pour qui sait s'arranger.

201

Les richesses sont un embarras et un ennui pour qui ne sait pas les utiliser à propos.

202

Une effronterie sans nom, ce sont les éloges posthumes adressés à des personnes qu'on a toute leur vie bafouées et traînées dans la boue. Ayez donc au moins la pudeur de vous taire et de les laisser tranquilles !

203

Voulez-vous qu'on vous respecte ? Respectez-vous vous-même et les autres.

204

On me demande quelquefois : Comment se
fait-il que M. Thiers soit devenu républicain ?
Il l'a dit lui-même : « Par raison ».

Après avoir vu tomber huit gouvernements
successifs en trois quarts de siècle, les désastres
et les ruines qu'ils ont entraînés après eux,
M. Thiers a reconnu qu'il n'y avait plus, pour
le bonheur de la France, que la République de
possible. Et il s'est fait républicain. Il a sacrifié
ses opinions, ses amitiés, ses souvenirs, en un
mot tout son passé pour le bien de son pays.

Comment pourrait-on avoir des scrupules à
imiter un aussi noble exemple ?

205

Les grands cœurs se reconnaissent dans
l'adversité.

206

Chaque peuple a ses principes et ses usages

qu'il croit bons à l'exclusion de ceux de tous les autres. Travailler à détruire les abus d'un pays où d'une nation est la tâche la plus ingrate que l'homme puisse s'imposer.

207

Tout vient à point à qui sait attendre.

208

Il faut semer avant de récolter. Il y a des moissons qui ne se font qu'au bout de dix, vingt, cinquante, cent ans et plus. Heureux jour pour le travailleur que celui d'une bonne moisson ! Elle est la juste récompense de ses efforts.

209

L'inférieur doit le respect au maître, mais le maître doit se rendre digne de ce respect.

210

Une faute conduit à d'autres fautes ; il faut donc bien se garder de tomber une première fois.

Si le malheur veut que l'on pèche, eh bien, le meilleur moyen de se faire pardonner, c'est en se conduisant dans la suite d'une façon irréprochable. Ce sera aussi la meilleure preuve que la faute commise est un accident et non le fait d'un cœur endurci.

211

L'homme vertueux se rappelle avec plaisir les jours qu'il a vécus.

212

Il faut du courage pour attaquer en face les vices des hommes. On ne rencontre partout qu'hostilité et ressentiment. Mais peu importe, on trouve sa récompense dans la satisfaction du devoir accompli.

213

Celui qui méconnait ses bienfaiteurs est un misérable.

214

Vous qui vous vous chauffez par un temps glacial à la chaleur bienfaisante d'un poêle, vous vous êtes-vous quelquefois demandé ce que représente de labeur et d'efforts d'esprit dépensés ce charbon qu'on a été arracher du sein de la terre à trois ou quatre cents mètres de profondeur? Si oui, vous devez reconnaissance à tous ceux qui ont contribué à le mettre à votre portée.

215

Les plus nécessiteux ne sont pas toujours ceux qui se plaignent le plus.

216

J'ai quelquefois vu des personnes faire l'étonnée d'être insultées par des malotrus. Quelle naïveté ! Comme si les honnêtes gens insultaient jamais personne.

217

Toutes les fois qu'on transgresse les saines lois de la nature on se nuit.

218

Quel prestige que celui de l'argent ! A lui seul il remplace avantageusement toutes les qualités de l'homme, c'est-à-dire qu'il l'annule. C'est humiliant, et comment pouvons-nous faire notre Dieu d'un métal qui réduit notre personne à néant ?

219

L'homme raisonnable borne ses demandes à ce qu'il jugerait pouvoir accorder s'il en était le dispensateur.

220

Il faut espérer toujours, même contre toute
espérance.

221

Lorsqu'il s'agit de biens qui sont en communauté, parlons toujours au pluriel. Ne disons
donc pas : mon royaume, mon château, ma
maison. Cela sent trop la fatuité. Qu'on dise
ma jupe, ma culotte, à la bonne heure !

222

Voulez-vous conserver le mérite d'un service
rendu ? Ne le reprochez pas.

223

Rien n'est plus blessant que la vérité !

224

Les forces matérielles malgré toute leur puissance ne peuvent rien contre les forces intellectuelles.

225

Quoi de plus beau qu'une belle union ? Quoi de pire qu'un mauvais ménage ? Un mauvais mariage est plus à redouter que le choléra, par la raison que cela dure plus longtemps. Procédons donc à un choix avec une extrême prudence.

226

Il n'y a qu'une espèce de gens qui ne se trompent jamais : ce sont ceux qui ne font rien.

227

Pour faire une abondante moisson, il faut y

songer toute l'année. Cela ne s'obtient que par des labours soignés, une bonne fumure, des nettoyages multiples, le tout en temps opportun. Inutile à celui qui n'y a pas satisfait de rassembler ses forces en vue d'une bonne récolte. Qu'il ne se mette pas en bras de chemise, car pour lui la moisson sera bientôt faite.

Il en est de même en tout.

228

La tirelire du fermier, c'est sa fosse à fumier. Qu'il en ait donc bien soin.

229

Qui va lentement va loin ; en tout marchons donc toujours au *grand doucement*

230

Les personnes de bien ont plus d'ennemis

que les autres. Les méchants voient en elles le
témoignage éclatant de leurs fautes. Quel
exemple plus frappant que celui du Christ
qu'on a pourchassé sa vie durant et mis à
mort.

231

Acceptons avec courage les maux et infirmités auxquels notre nature est sujette ; mais
s'infliger volontairement des peines corporelles
est un procédé de sots !

232

Il est absurde d'affirmer une chose que l'on
avoue ne pas bien connaître.

233

L'officier qui craint le feu, le médecin qui a

peur des malades ne sont pas nés pour ces vocations.

234

Socrate, la plus haute et la plus pure image de la vertu sur la terre est mort par respect pour les lois d'Athènes qui l'ont condamné. Ses disciples Cébès, Simmias, Criton veulent le sauver par la fuite ; mais ils reçoivent pour toute réponse : Ne faisons rien qui ne soit conforme à la justice, et la justice, c'est l'obéissance aux lois de la patrie. Socrate est donc mort victime de l'injustice, non des lois, mais des hommes.

Quel noble exemple !

235

On n'apprécie généralement la valeur des gensque lorsqu'on les a perdus.

236

La France vient de perdre son premier citoyen ! Pressentant l'avenir, M. Thiers avertit l'Empire de la faute qu'il allait commettre en déclarant la guerre à l'Allemagne. Il fut bafoué, insulté... Quelques mois après ce n'était plus que deuil, désastres ; enfin la ruine. Celui qui avait en vain usé de ses forces et de son talent pour soustraire son pays à de grands malheurs fut jugé seul capable de les réparer. Un cri unanime l'appela au pouvoir. N'écoutant que son courage et son patriotisme il accepta, et se mit à l'œuvre. Il conclut la paix, vainquit l'insurrection, libéra le territoire et fonda la République. Voilà l'homme que nous pleurons. Honorons la mémoire de M. Thiers en continuant son œuvre et en nous inspirant de son noble dévouement !

237 .

Hypocrites ! Ne pleurez donc pas le mort que vous avez insulté toute sa vie !

238

Ah ! la belle chose que l'a-propos !

239

Il y a des personnes qui sont enfants toute
leur vie ; il faut les traiter comme les enfants.
Si l'on veut qu'elles fassent une chose, il suffit
de la leur défendre.

240

Le vrai succès repose sur le talent, la vogue
sur le caprice.

241

Quand on agit en honnête homme on ne
doit clore la bouche à personne. Ainsi agissait
Napoléon III.

242

Peste ! Le monde est tellement corrompu qu'il est pour ainsi dire impossible d'y vivre en digne et honnête homme ! Les uns avec leur argent puant, les autres par le rang qu'ils occupent, corrompent ou tyrannisent tous ceux qui sont dans leur sphère d'action ! Quel poison pour la société que cette salle passion de domination !

243

Toute la dignité de l'homme réside dans sa faculté de penser. L'obéissance passive l'abaisse non au rang des bêtes mais à celui des machines.

244

La modestie dans la mise, la réserve dans le langage sont les marques extérieures des caractères sérieux. L'affectation dans le langage, la frivolité dans la toilette sont les indices de natures légères et vaniteuses.

245

Demandons beaucoup au raisonnement, peu à la mémoire.

246

Fréquemment on entend faire la question suivante : Quel sort nous attend après cette vie? Patience !... Patience !!... Nous le saurons. La Justice Divine nous donnera à chacun selon ses œuvres. Qu'avons-nous besoin d'en savoir davantage ?

247

La discrétion est une grande vertu. Mais qu'elle est rare.

248

Quoi de plus fou que les guerres de religion !
Parce que vous êtes protestant et moi catholique, il faut que nous nous exterminions ? Bêtise
humaine ! Sauvez votre âme par les moyens
que vous jugez les plus propres ; de mon côté,
je tâcherai de sauver la mienne. Ceci admis,
quoi de plus facile pour nous que de vivre en
paix, voire même d'être d'excellents amis.

249

La tyrannie engendre la révolte ; l'inquisition, l'hérésie.

250

Dans la nuit du 4 Août 1789, l'Assemblée
Constituante vota la suppression de tous les abus
et privilèges. Depuis ce moment mémorable tous
les Français sont égaux devant la loi !

251

Les gouvernements qui n'admettent pas la liberté de conscience, les individus qui n'admettent pas la liberté de sentiment sont despotes et tyranniques !

252

Qui n'a pas goûté l'amer ne sait pas ce que c'est que le doux.

253

Rendre service aux malheureux paraît une tâche déshonorante à bien des gens. Il leur est autrement agréable de faire la courbette devant les grands. Toujours la sotte vanité qui guide l'homme. Cependant, sachez donc que vous avez plus de chance de vous rapprocher de la condition de ceux que vous méprisez que de celle de ceux que vous flattez. Et alors.....

254

Etre riche et infirme est triste ; être pauvre et infirme est malheureux.

255

Le commerce honnête mène à la fortune par la confiance qu'il inspire ; le commerce déshonnête conduit à la honte et à la ruine. Ce n'est que justice.

256

Aucun travail ne déshonore l'homme, la paresse le déshonore toujours.

257

Ah ! le beau proverbe : Aide-toi et le Ciel et les autres t'aideront.

258

L'air est le pain des poumons. Il est aussi indispensable à la santé qu'une saine nourriture. Aérons donc bien nos habitations.

259

Ceux qui reprochent à leur moitié leur moindre fortune sont bien irréfléchis. En effet, ils donnent la preuve palpable que l'excédant de leurs biens est impuissant à racheter les imperfections de leurs personnes.

260

Chacun prend son plaisir où il le trouve.

261

La guerre est le fléau de l'humanité. Elle engendre le deuil, la ruine, la misère... Quels tristes fruits ! Ceux qui la provoquent pour des motifs futiles méritent... autre chose que les croix qu'ils y gagnent !

262

Depuis l'existence des machines à vapeur la richesse du globe a plus que doublé. Et dire que leur inventeur, Denis Papin, est mort de faim. Quel titre de gloire pour le riche qui aurait eu la bonne pensée de seconder les recherches et d'assurer les moyens d'existence de ce bienfaiteur de l'humanité !

263

En tout, qui ne marche pas en avant recule. Le progrès, c'est le bien-être ; la stagnation, c'est la misère, l'anéantissement.

264

La Providence nous a donné la raison, c'est

pour nous en servir. Je ne comprends donc pas
les gens qui, voyant clair, se laissent mener en
aveugles !

265

O inconséquence de la nature humaine !

Quand on est dans le malheur, on n'a ni
bienfaiteurs ni amis. Quand on est dans la
prospérité et qu'on n'a besoin du concours de
personne, tout le monde est prêt à vous rendre
service.

266

Mon estime ne s'achète pas ; elle se mérite !

267

Il est autrement coûteux d'être malade que
d'être en bonne santé. Ne serait-ce que par
esprit d'économie, tâchons donc de nous bien
porter.

268

Jésus a dit à ses disciples : « Allez et instrui-sez ? » Alors ! gens pieux, sur quoi vous basez-vous pour prendre la défense de l'ignorance et crier à la violation des droits du père ?

269

L'initiative forme le caractère et le jugement de l'homme ; l'association lui donne la force.

270

Vous ne voulez pas perdre au jeu ? Ne jouez pas.

271

Les gouvernements durables ne se fondent pas par la force. Jules César, les Napoléons l'ont su ; d'autres le sauront.

272

Il faut toujours des vêtements appropriés au travail que l'on fait.

273

Autant il est facile de faire d'un honnête homme un méchant, autant il est difficile de faire d'un méchant un honnête homme.

274

Les lois de la nature violées se vengent tôt ou tard.

275

J'accepte avec plaisir et reconnaissance ce qui m'est offert de bon cœur; dans le cas contraire j'aime mieux m'en passer,

276

Une preuve du génie de M. Thiers, c'est que c'est avec le concours de ses ennemis qu'il a édifié la République. Hein! cela n'est pas trop bête.

Mais qu'allait devenir cette frêle créature ?...

277

Les pères nourriciers s'étaient mépris sur le sexe de leur jeune nourrison. Les traits se dessinant avec l'âge, un beau jour ils se sont écriés : « Mais ! c'est une fille et non pas un garçon ». — Oui, répondit-elle, je m'appelle République, et mon papa, c'est papa Thiers. — La pauvre enfant fut reniée, délaissée... mais elle avait bonne complexion. Aujourd'hui, voyez-là? c'est une charmante enfant de huit ans qui promet une belle et longue existence. — Aussi, en enfant reconnaissante je n'oublierai jamais mes pères nourriciers. — Je n'avais pas tort de la croire née bonne enfant. Avouons que voilà une méprise dont les auteurs ont lieu d'être fiers.

278

La reconnaissance pour services rendus quoique de droit strict, doit toujours être admirée. Elle est si peu commune.

279

Il y a des personnes qui mesurent la valeur des services rendus au prix qu'ils leur coûtent. On aurait tort de ne pas les faire payer.

280

L'ordre des Jésuites a été fondé dans un but de domination sociale. Autrefois il arrivait à ses fins en donnant aux rois des confesseurs; aujourd'hui il prétend y arriver en se rendant maître du suffrage universel par l'éducation. Ingénieux ! Ingénieux ! !... les Jésuites. Décidément, Pascal ne les a pas calomniés en les disant pleins de malice.

281

Dans les pays de suffrage universel, c'est la volonté de la majorité qui fait loi. Tant pis si elle pèche par ignorance ou par sottise ! La nation ne peut s'en prendre qu'à elle-même des maux qui lui arrivent.

282

L'union bien entendue du travail intellectuel et du travail manuel forme des corps vigoureux et des intelligences fortes.

283

Il faut du courage pour vivre, mais il en faut autrement pour mourir.

284

Les végétaux sont des auxiliaires indispensables à l'existence de l'homme. Non seulement ils constituent un ornement de la terre, mais encore leurs racines cherchent dans le sol les sucs qui nous servent d'aliments ; par leurs feuilles ils épurent l'air que nous respirons ; par leurs fleurs ils charment notre vue et flattent notre odorat. Aimons donc les plantes et intéressons-nous à leur culture.

285

Rien n'est facile comme de savoir le but vers lequel on tend ; le difficile, c'est de connaitre les moyens d'y parvenir.

286

La jeunesse vit d'espérance, la vieillesse de souvenir.

287

Dans le droit moderne, l'homme est libre et

s'appartient. Depuis l'abolition de l'esclavage, un homme ne peut appartenir à un autre homme. O inconséquence des gens qui veulent que tout un peuple puisse appartenir à une individualité : roi ou monarque.

288

Ne déplaçons donc pas toujours les responsabilités. Pourquoi en vouloir aux instruments et non aux moteurs ?

289

La société doit se garantir et non se venger.

290

Il y a des gens qui mènent grand train avec peu ou point de revenus. Quoi qu'on dise, la chose n'est pas si bête. La belle malice de faire bonne figure dans le monde avec cent mille francs de rentes ! Mais avec... rien, c'est une autre affaire.

291

Le meilleur moyen de conserver de bonnes jambes, c'est de s'en servir.

292

Rien n'est plus respectable que la vieillesse. Quel parallèle possible entre un jeune homme de vingt ans et une personne de soixante, soixante-dix, quatre-vingts ans ? Le premier, quoique instruit, ignore encore la vie et ses sacrifices ; la seconde a pour elle l'expérience, le savoir, le devoir accompli. Jeunes gens ! soyons donc modestes et honorons la vieillesse.

293

Qui travaille prie.

294

La Révolution de 1789, en abolissant tous les abus et privilèges, a créé l'égalité civile de tous les Français ; la Révolution de 1793 a fait le paysan propriétaire ; celle de 1848 l'a fait électeur ; celle de 1870 l'a fait homme politique. Voilà l'histoire.

295

Discutons, ne calomnions pas ; jugeons les actes, respectons les personnes.

296

On apprend tous les jours. Jusqu'à présent je croyais mal fondés les regrets que cause aux hommes la mort des grands de la terre alors qu'ils sont indifférents à la perte des malheureux. Réflexion faite, je trouve qu'ils ont raison. En effet, les premiers jouissant de toutes les douceurs de la vie risquent davantage de perdre au change.

297

Le bon employé est rarement assez payé ; le mauvais l'est toujours trop.

298

Oh ! la malheureuse guerre qué celle de 1870. L'Empire et la France ont expié là le crime du 2 Décembre : l'Empire pour l'avoir fait, la France pour l'avoir toléré.

299

La vie naît de la vie ; la mort naît de la mort.

300

Il doit en être des bons mots comme des pièces de vingt francs dans la rue : on doit les trouver sans les chercher. Ne les prodiguons jamais.

301

On souffre pour rien ce que l'on ne souffri-
rait pas pour tout l'or de la terre.

302

Les Jésuites furent chassés de France en
1594, de Hollande en 1598, d'Angleterre en
1602, de Portugal en 1759, d'Espagne en 1767,
de Pologne et de Russie en 1816.

Napoléon les a dissous en 1804, et le pieux
roi Charles X se vit forcé de fermer leurs éta-
blissements en 1828.

En 1597, le pape Clément VIII fulmina contre
eux cet anathème : « Brouillons, c'est vous qui
troublez l'Eglise ». Enfin, Clément XIV suppri-
ma l'ordre tout entier en 1773 pour cause d'abus
et de désobéissance au saint-siège.

Voilà des états de service dont il n'y a pas
lieu d'être fiers. Malgré ces chasses successives
et l'arrêt de mort prononcé contre eux par un
pape, les Jésuites existent toujours et même
se multiplient prodigieusement.

303

Pas d'air pas de vie, pas d'air pas de feu,

304

Un bon travailleur a gagné sa journée, au moins son déjeuner en se levant. Voici comment: Dans tout emploi ou métier, la bonne ordonnance de la besogne est tout. Eh bien, s'il en est ainsi, au réveil on réglemente le travail de la journée, puis..... on n'oublie pas de travailler.

305

La première condition pour être le bienvenu là-bas, c'est d'y aller le plus tard possible. Ne pressons donc pas le pas.

306

Depuis l'abolition des privilèges, la noblesse

du cœur remplace la noblesse de nom. Alors !
pourquoi attacher encore tant de vanité aux
vestiges d'un régime qui a laissé plus de mauvais souvenirs que de bons ?

307

Les produits de mauvaise qualité reviennent
toujours les plus chers.

308

Quel dévouement ! Quelle abnégation ! A les
entendre, les veuves se remarient toutes non
pour elles-mêmes, mais dans l'intérêt de leurs
enfants. Qui l'aurait cru ?

309

Les grands maux demandent de grands re-
mèdes.

310

Il y a des gens qui se plaignent de ne pouvoir travailler lorsqu'ils sont malades et qui ne font rien quand ils sont bien portants. Triste inconséquence.

311

L'argent est la principale pour ne pas dire l'unique préoccupation du grand nombre. Que ceux-là qui disent que leur conduite est inspirée par les soucis de l'avenir sachent donc qu'ils s'en iront tout comme les autres les poches vides et pour tout bagage leurs bonnes et mauvaises actions. Voilà notre avenir à tous.

312

Qui veut trop prouver ne prouve rien.

313

O stupidité humaine ! Dire qu'il y a des gens
qui se vantent de tant boire ou manger. La
belle preuve qu'ils tiennent plus de la bête
que l'homme.

314

La vérité est généralement comprise entre
les extrêmes.

315

Quelle chance ! Chaque secte religieuse possède la vérité à l'exclusion de toutes les autres.

316

Le sort des inventeurs est de se ruiner en
enrichissant les autres. C'est noble, mais c'est
triste.

317

Souvent on entend dire : Pourquoi Dieu n'a-t-il pas fait ceci ?... Pourquoi ne nous a-t-il pas appris cela ?... Bonnes gens ! si Dieu eût voulu tout faire par lui-même qu'eût-il eu besoin de nous ? Qui n'a rien à faire ne s'entoure pas de serviteurs.

318

L'inertie est la mort de tout progrès, l'anarchie la mort de toute liberté.

319

Chez les sauvages, la femme est une bête de somme, chez les orientaux un meuble, dans les pays civilisés un enfant gâté. Noble sexe, liguez-vous donc contre l'ignorance puisque c'est votre asservissement !

320

Les parents doivent à leurs enfants le pain du corps et celui de l'intelligence. Le premier forme la brute, le second forme l'homme.

321

Tout être, végétal ou animal, vit et s'accroît avec les dépouilles d'autres êtres. C'est la mort produisant la vie, une régénération continuelle de la matière. Quelle admirable loi de la nature !

322

L'aigle n'est ni beau, ni chanteur, ni bon à manger ; mais il est vorace, pillard, destructeur. Quel heureux choix pour l'empire qu'un tel emblème !

323

Une chose qui me paraît bien singulière,

c'est quand j'entends dire : Tels ont eu six
enfants, il ne leur en reste que deux, quelle
chance ! — Bah !... quelle chance... Ah ça...
vous qui parlez ainsi, vous achèteriez donc des
enfants pour n'en pas avoir ? Quand on ne
veut pas d'une marchandise, on ne la met pas
à prix.

324

L'avare et le porc ont quelque chose de commun : tous les deux ne font du bien qu'après
leur mort. Pauvre coïncidence.

325

Comment peut-il nous en coûter de renoncer
aux choses qui nous nuisent ?

326

Il y a deux sortes de curiosités au monde :

l'une noble, l'autre malsaine. La première est inspirée par le désir de se corriger et de s'instruire ; la seconde, par le goût de calomnier et de médire.

327

Le percement du Mont-Cenis, le creusement du canal de Suez, le tunnel sous la Manche, la tranchée de l'isthme de Panama, ont été à tour de rôle traités d'entreprises folles et impossibles. Les deux premières sont terminées, les deux autres le seront dans quelques années. Prophètes de malheur! vous ne savez donc pas qu'il y a la Loi du Progrès ?

328

Qui veut, peut.

329

Peu de rois ont eu à cœur le bien-être de

nos populations laborieuses. Leurs soucis n'allaient généralement pas jusque là. Le bon Henri IV y a pensé. *Je veux*, disait-il, *que le plus pauvre paysan en France puisse avoir la poule au pot tous les dimanches.* Nobles paroles. Et dire que ce brave et digne roi devait tomber sous le poignard des Jésuites !

330

Le pardon demande repentir.

331

Est-il sensé de river ensemble pour la vie deux êtres qui peuvent se jurer une haine mortelle ? Moïse, Jésus-Christ, Saint Ambroise, Saint Bernard, plusieurs papes ne l'ont pas cru. L'Angleterre, la Belgique, la Hollande, l'Autriche, l'Allemagne, la Suisse, etc., ont toutes le divorce inscrit dans leur code. Après cela, si notre jurisprudence conjugale est la vraie, nous pouvons nous tenir pour des malins.

232

La meilleure manière d'honorer les morts consiste à suivre les bons exemples qu'ils ont donnés durant leur vie.

333

Dans la nature, *rien ne se perd, rien ne se crée.* Lavoisier, le père de la chimie, a découvert cette grande vérité. Ainsi, l'homme ne peut rien créer, rien anéantir, pas même un grain de sable. Toute son action se borne à transformer la matière. Les principes de la bougie, après sa combustion, existent tout entiers, mais sous une forme nouvelle, invisible, ce qui fait croire à leur destruction. Le chimiste, avec le concours de ses fioles et ses drogues, se charge de vous les recueillir. Mais vous n'y reconnaîtriez pas plus votre bougie que vous ne reconnaissez le grain de blé dans la farine ou le pain.

334

Différerait-on de sentiment sur tous les points,

on vit en paix du moment qu'on sait respecter la liberté de conviction ; ne différerait-on que sur un seul, c'est la guerre si on ne la respecte pas.

335

Belle devise !
L'union fait la force.

336

En mariage, il n'y a jamais mésalliance du moment qu'on fait bon ménage. Les époux offriraient-ils toutes les conditions possibles d'égalité en âge, beauté, honneur, fortune, etc.,.. il y a mésalliance du moment qu'ils ne s'entendent pas, à moins qu'ils soient également sots.

337

Qui veut trop n'a rien.

338

Quelle que soit la reconnaissance nationale pour la mémoire de Thiers, elle sera toujours inférieure aux services rendus.

339

On a raison ! Ce sont les honnêtes gens qu'il faut salir, les autres se chargent de se salir eux-mêmes.

340

La vie en commun à l'école est chose indispensable à la jeunesse. On y apprend l'obéissance et le respect pour soi, la tolérance et l'affection pour les autres.

341

Oui, c'est un triste accident pour une jeune

fille que de devenir mère avant que d'être
épouse. Pour le réparer dans la mesure du possible je ne vois qu'un moyen : aimer, chérir
et élever dignement la petite victime de son
erreur. Manquer de soins à son égard est une
conduite aussi coupable qu'injuste. Alors ! la
faute grandit et devient irréparable !

342

La peur est le pire de tous les conseillers.

343

L'Inquisition, les Dragonnades, la Saint-Bar-
thélemy, la révocation de l'Edit de Nantes sont
des choses monstrueuses ! Que de malheureu-
ses et innocentes victimes ! Lourde est la responsabilité de leurs auteurs, mais pour être
juste il faut faire la part de la barbarie et de
l'ignorance des temps. Que ne peut-on effacer
ces tristes choses de l'histoire de l'humanité.

344

Demandons tout à la persuasion, rien à la force ou la violence.

345

On plaint avec raison les parents que l'in-conduite des enfants rend malheureux. Mais les enfants étant ce que l'éducation les fait, les parents sont généralement la cause première de leurs méfaits. Or, toute erreur doit se payer. En somme, je trouve que les enfants sont encore les plus à plaindre, les parents les plus à blâmer.

346

Les plus douillets de leur personne sont les moins compatissants pour les souffrances des autres.

347

Comme la Nature est égalitaire à l'égard de

toutes ses créatures. La même arme dirigée contre le juste et contre le méchant donne également la mort. Le poison administré volontairement ou par mégarde exerce les mêmes ravages. N'a-t-on pas ravi la vie à Socrate, le plus sage des Grecs, en le comdamnant à boire la cigüe? Une pareille existence devait cependant être bien agréable à Dieu et était digne d'un autre sort ; mais... la règle étant une.......

348

L'ennui est un vilain mal. Soustrayons-nous donc à son action par des occupations diverses appropriées à notre état.

349

Ce maudit argent, cause de tant de basses actions, on voudrait pouvoir s'en passer! Mais on ne le peut pas, car le monde est ainsi fait que sans argent on est comme si l'on était pas. Encore si l'on pouvait battre des ailes dans les solitudes; mais non. Eh bien, puisque l'argent c'est la liberté, j'en veux ! Tâchons donc de nous en procurer, mais en le demandant seulement au travail consciencieux et honnête.

350

Vivent la paix, le grand air et la liberté !

351

La guerre est tout science et art. Autrefois le plus fort assommait le plus faible. Aujourd'hui que ferait Samson avec sa mâchoire d'âne contre Petit Poucet armé du fusil Gras?

352

Quand on sort de l'école, on se croit fort, très-fort... On en sait juste assez pour apprendre.

353

O temps ! La France se fait républicaine, l'Eglise se fait jésuite. Quiconque a à cœur les intérêts sacrés de la religion ne peut la voir sans tristesse livrée à l'envahissement de l'élément destructeur qui doit la mener à sa ruine ! Que nous voilà loin de la sublime doctrine de l'Evangile ! Et puis, ici, comme en tout, il faut obéir à la Loi du Progrès.

354

Affranchissons-nous de la tyrannie ; n'en usons jamais.

355

Les morts ont toujours tort ! Certaines gens ont la triste manie de s'acharner après ceux qui ne sont plus. Respectons donc les morts, même ceux qui nous ont nui.

356

Quelle malchance ! A les entendre, chacun a fait choix du plus mauvais état ou métier qu'il y ait sur terre. Il n'y a cependant pas de sots métiers ; tout dépend de la manière dont ils sont desservis. Tous sont honorables, productifs, avilissants et ruineux. La preuve : l'un s'enrichit où l'autre se ruine ; l'un acquiert le respect et l'estime où l'autre n'acquiert que le déshonneur et le mépris. Tous les métiers ont leurs contrariétés et leurs misères ; aucun ne marche seul. Maintenant choisissez, travaillez, persévérez et vous arriverez.

357

Les ignorants seuls n'éprouvent nul besoin de rien apprendre.

358,

Dans les pays de suffrage universel le bulletin

de vote remplace l'arme de la révolte. Mais apprenons à nous en bien servir.

359

La terre est un livre pour qui sait y lire. La disposition des couches, leur composition, les débris végétaux ou animaux qu'on y rencontre dévoilent les mystères qui se sont passés sur notre planète à des époques très reculées. Il est hors de doute que les végétaux ont existé bien avant les animaux et que l'homme est apparu le dernier. Sage prévision du Créateur, car l'homme arrivant le premier, comment aurait-il pu subvenir à ses besoins?

360

A mon avis la religion de l'honnête homme est bonne ; celle du méchant est mauvaise. Peu importe la foi à laquelle ils appartiennent.

361

Que de dévouement et de patriotisme a engendré la Révolution de 1789. Hoche, Marceau, Desaix, Kléber, Championnet, Joubert, Jourdan, Masséna, Lannes, etc., voilà les plus belles gloires militaires de cette époque mémorable ! Honorons la mémoire de ces héros et martyrs de la Liberté et de la Patrie ! Que leur conduite nous serve d'exemple.

362

Les personnalités sont désagréables ou sentent la fatuité. N'en faisons donc pas.

363

Parmi ceux qui croient à l'immortalité, personne n'affirme connaître ni le sort ni le régime qui nous attendent après cette vie. Je trouve la chose prudente, ce qui est dire qu'en cela je suis de l'avis de tout le monde. Mais, de ce que nous ne pouvons rien affirmer, il en résulte

que les avis peuvent différer. Ce qui me frappe,
c'est que, dans toutes les manières de voir,
l'on veut que nous soyons soumis là-bas à un
régime qui n'a aucun rapport avec ce que nous
voyons ici. Il est possible qu'il en soit ainsi,
mais pour mon compte mon imagination est
impuissante à concevoir quelque organisation
nouvelle ; celle à laquelle nous sommes soumis
est tellement admirable qu'en en changeant un
point il faudrait tout changer. Me voyant impuissant à changer une pierre dans un bâti-
ment, me croiriez-vous assez téméraire d'entre-
prendre de le construire à neuf?... Je crois à
la Loi du Progrès, ici, après, encore et toujours.

364

Dès mon jeune âge j'entendais dire que la
vie de l'homme sur la terre n'est que misères
et contrariétés. Je n'y croyais pas ; je le crois
aujourd'hui.

365

Quelle plus douce et plus noble tâche pour

une mère que celle d'élever elle-même ses enfants ?...

Est-il prudent, à moins de cas de force majeure, de confier à des mains étrangères ce que l'on a de plus précieux sur terre ?...

Et n'est-ce pas par contact que grandit et se fortifie l'amour maternel et filial, première des affections humaines ?...

Enfin, la sage Nature s'est-elle donc trompée en faisant de la mère la nourrice naturelle de l'enfant ?...

366

L'homme se plaint de tout excepté de sa sottise. Quel être sensé !

367

Je me suis quelquefois laissé dire qu'il y a des gens qui prient pour obtenir du Ciel la mort de quelqu'un. Je n'y puis croire ! Si la chose est réelle, mais pour qui donc ces malheureux prennent-ils le bon Dieu ? Que la main doit lui chatouiller pour leur envoyer un soufflet à leur faire voir mille chandelles ! Mais il s'est promis de laisser faire.....

368

Voulez-vous la paix ? Soyez prêt pour la guerre.

369

Qu'on soit préposés dix à l'entretien d'une bête, elle périra de faim. Les dix premiers jours elle recevra double, triple, quadruple ration ; chose inutile. Le douxième jour, chacun se reposant sur les soins des autres, elle ne recevra rien ; de même le treizième ; le quatorzième elle aura cessé de vivre. Chacun prétextera le nombre de rations qu'il a données, que ce n'était pas son tour à y pourvoir, etc., etc. Personne ne sera coupable, sinon la pauvre bête qui n'est plus. Cela prouve que dans l'intérêt de tous, il faut à chacun des attributions déterminées. Quand une faute ou une erreur se commet, on sait à qui elle revient.

Il en va de même en tout.

370

Les bons comptes font les bons amis.

371

Frustrer le trésor est chose innocente aux yeux de beaucoup de personnes. Pour moi, je ne vois d'autre différence avec le vol ordinaire, que c'est prendre de la poche de tout le monde au lieu de prendre de la poche d'un particulier.

372

La religion catholique étant une religion de paix et d'humilité, ne peut s'accommoder de la gloire mondaine et des puissances terrestres.

8

Nous tous qui l'aimons et la vénérons, tâchons
de la maintenir dans sa vraie tradition en ayant
toujours présente à la mémoire cette belle parole
de Jésus-Christ : « Mon royaume n'est pas de
ce monde ».

373

Il y a des personnes qui se disent trop âgées
pour étudier. A l'âge de 74 ans, M. Thiers pre-
nait des leçons de physique et de chimie à MM.
Leverrier et Pasteur. Après cela, dites vous
donc trop vieilles pour apprendre.

374

Quel mauvais travailleur je suis quand il
s'agit de travail inutile !

375

Le libre-échange c'est la production à bon

marché en obligeant chaque culture et chaque industrie à se cantonner dans les lieux qui lui sont propres. Qui ne peut vivre que de protection est appelé à périr. Ainsi le veut la Loi du Progrès.

376

Tous, jusqu'aux plus malotrus font cas de la politesse. Usons-en donc toujours largement et avec tout le monde.

377

Quelle puissance pour l'homme que son intelligence ! Placé nu sur la terre, il eut à lutter contre la faim, le froid, les bêtes féroces, en un mot contre la nature entière. Il vit d'abord de fruits et de racines, produits spontanés du sol. Le besoin le pressant et l'intelligence le guidant, l'homme s'initie à la culture, se fait des outils et des armes avec le bois, la pierre, apprivoise et tue. Avec ces moyens de défense rudimentaires que lui offre la nature, souvent victime, il reste quelquefois vainqueur. Il tire parti de la victoire : la peau du vaincu sert à couvrir sa nudité, sa chair lui sert de nourriture ; dans ses os il trouve des armes et des instruments nouveaux plus efficaces.

Ses moyens de subsistance et de défense étant mieux assurés, l'homme se crée un abri, c'est-à-dire qu'après s'être fait laboureur, berger, chasseur... il devient architecte ! puis......

A la lenteur du progrès de nos jours on peut juger ce qu'il devait être dans ces temps primitifs. Que de luttes soutenues, que de souffrances endurées par nos ancêtres pour conquérir les premiers éléments de la civilisation !

Que penser maintenant de ceux qui emploient ce sublime don du Créateur, l'intelligence, pour tâcher de nous faire remonter le cours de l'humanité ?

378

La vraie solidarité se trouve toute renfermée dans la devise Suisse: « Un pour tous, tous pour un ! »

379

S'il y a des riches sans commisération pour les pauvres, c'est qu'ils ignorent qu'il y en a qui souffrent de la faim, du froid. Ah ! s'ils savaient qu'il y en a qui manquent du nécessaire.....

380

Les guerres du premier empire ont coûté à la France 12 milliards et un million d'hommes ; celles du second empire, 13 millards et 400 mille hommes.

Le premier empire a perdu les conquêtes de la République ; le second, l'Alsace et la Lorraine.

Après cela, bonapartistes, venez donc nous dire que l'empire c'est la paix ? et plaignez-vous que les contributions sont élevées.

Et les 14 cent mille victimes !...

381

L'union fait la force, la paix fait le bonheur.

382

Une des plaies de la société actuelle c'est la fausseté, l'hypocrisie, c'est-à-dire le jésuitisme. Oui ! nous sommes tous plus ou moins jésuite !.. Cela gagne par contact !.. Il est cependant si beau et si facile d'être franc et sincère.

·

383

Pour faire de la bonne cuisine il faut une température appropriée à la nature des mets. Avant que d'être bon cuisinier il faut donc être bon chauffeur.

384

Il y a un cas, un seul où j'excuse la vanterie : celui où les personnes qui s'y adonnent en éprouvent une satisfaction profonde témoignée par un trémoussement bienfaisant de tout leur être. Ne serait-ce pas contraire à la charité chrétienne que de troubler une âme en proie à une douce émotion, alors qu'on n'exige de notre part autre chose qu'un peu d'indulgence ?

385

Décidément la santé est une véritable tirelire dans laquelle on peut mettre, mais plus aisément prendre. Il y a cinq ans, le fond de la mienne était presque à découvert; aujourd'hui, je ne vois que pièces rondes. Si cela continue, dans dix ans j'aurai encore pour cinquante ans de vie ! Voilà où mène l'économie.

386

Qu'il est beau de savoir, en cas de besoin, subvenir à tous ses besoins.

387

Le bon maître forme les bons élèves.

388

Toutes les fois qu'il importe de maintenir

notre autorité, souvenons-nous du proverbe :
« La familiarité engendre le mépris ». Dans
tous les autres cas, elle est une vertu et non
un défaut.

389

Les cœurs barbares pour les bêtes ne sont
jamais tendres pour leurs semblables.

390

Quel drôle d'animal que l'homme ! A l'entendre, Dieu est cause de toutes les mauvaises
actions qui arrivent sur terre, et lui des bonnes.
Que c'est donc charitable et modeste.

391

Entre deux maux, il faut toujours choisir le
moindre.

392

Les grands travaux coûtent cher, très-cher. On évalue la dépense du canal interocéanique à 475 millions. La guerre avec la Prusse nous a coûté 11 milliards, 2 provinces, 100.000 hommes, et cela en moins d'un an. Voilà donc de quoi faire 23 canaux de Panama sans compter le sang versé et les provinces perdues.

Et les suites : Pour la guerre, le deuil, la misère ; pour les travaux utiles, le bien-être, la richesse.

393

Il faut être ou avoir été malheureux pour savoir combien il est malheureux d'être malheureux !

394

La République, le Libre-échange, l'Electricité détrônant le gaz et la vapeur, la Parole transmise à toute distance, la Fraternité des peuples, la Paix universelle : voilà le Progrès, voilà l'Avenir !

395

Toute opinion sincère est respectable.

396

Le vin est la boisson hygiénique par excellence. En vulgariser l'emploi parmi les populations laborieuses est une œuvre humanitaire. En face des ravages croissants du phylloxera, il importe surtout de ne plus détourner une partie de cette boisson de son véritable usage. La science, par ses représentants autorisés Chaptal, Dubrunfant, etc., a appris à suppléer la nature dans les années de mauvaise récolte et pour les produits rêches au palais et peu bienfaisants à l'estomac. Pour cela, que faut-il faire? Tout simplement ce que la nature, quelquefois un peu avare, n'a pas fait : ajouter au jus de

raisin, dans la cuve à fermenter même, le suc
qui lui manque. Par ce procédé simple, d'une
mauvaise boisson on fera, je ne dirai pas du
nectar, mais un vin réconfortant, généreux et
se bonifiant avec l'âge.

Si les intéressés n'usent pas du moyen pré-
conisé, je n'y vois qu'une raison : c'est qu'il
leur paraîtra trop simple.

397

Il y a des malades dont les maux vous feraient
moins souffrir que les lamentations qu'ils leur
causent.

398

Le gens honnêtes et raisonnables seuls
sont heureux ; les autres ne méritent pas de
l'être.

399

Dans la vie, tout acte important doit être

précédé d'un sérieux examen des conséquences
qu'il peut et doit entraîner. Après cela, on se
décide et on marche résolument.

400

La jalousie est un vice propre à la médiocrité.

401

La paix, l'ordre et l'activité font la richesse
et le bonheur des familles et des états.

402

Quiconque cherche le mouvement perpétuel
cherche l'impossible. Cela se démontre aussi
clairement en mécanique que deux et deux font
quatre.

403

Nos flatteurs sont nos ennemis.

404

La solidarité humaine fait que nous profitons des fautes des autres. Mais les coupables sont toujours les premières victimes.

405

Au point de vue de la société, la valeur de l'homme se mesure à l'excédant de travail qu'il produit sur celui qu'il consomme. Celui qui consomme plus qu'il ne produit est un parasite.

406

Il faut manger pour vivre et non pas vivre pour manger.

407

L'Angleterre, la Hollande, l'Allemagne, l'Italie, l'Autriche, etc., pratiquent l'enseignement laïque. Les principes religieux, nécessairement variables avec les cultes auxquels appartiennent les enfants, sont laissés aux soins des familles, ou sont enseignés à part comme matières facultatives. La Belgique vient d'entrer dans cette voie. La France ne peut tarder d'imiter cet exemple.

Il est peu probable qu'une mesure que tous nos voisins trouvent salutaire nous soit nuisible.

408

Approuvons le bien d'où qu'il vienne, condamnons le mal d'où qu'il sorte.

409

L'argent rendant fier et arrogant, n'en donnons pas à ceux que ces vices affligent. Refaire leur éducation, est-il un service plus précieux à leur rendre ?

410

Savoir monter est une belle chose, savoir descendre est une chose plus belle encore !

Lincoln, président de la République des Etats-Unis a été fendeur d'échalas ; Cincinnatus, après avoir bien gouverné la République Romaine et vaincu ses ennemis, retourna à sa charrue.

Choses admirables !

411

L'absinthe est un poison terrible. Elle tue le corps et abrutit l'intelligence.

412

Quelle fatalité !

Voilà un jeune homme de vingt ans qui a coûté tant de sacrifices à ses parents et à la société. Cette existence si chère, au moment où elle peut se rendre utile à elle-même et aux autres, que faut-il pour la détruire ? Une seconde de temps et un sou de poudre et de plomb ! Aux sacrifices d'argent, on ajoute les sacrifices du cœur, les larmes. Comme moi, ne pensez-vous pas qu'il y aurait possibilité d'en tirer un meilleur parti ?

413

Ecrivons-nous pour être lus ?... Si oui, écrivons donc d'une façon lisible !

414

Les malheureux ont aussi leur consolation. En effet, leur position peut aisément s'améliorer tandis que celle des heureux a plus de chance de décliner. Or, nous ne vivons que d'espérance.

415

Une amélioration, un bien quelconques procurent d'autant plus de satisfaction qu'ils ont coûté plus de sacrifices ou qu'ils se sont plus longtemps fait attendre.

416

La simplicité est la beauté mère du langage et du style.

417

Il y a des gens qui sont capables de tous les métiers ; d'autres qui ne le sont d'aucun. Quelle différence entre les hommes !

418

Quand le médecin se trompe, c'est le malade qui paye son erreur. Sachons donc bien choisir.

419

Dans un état: arts, sciences, industrie, com-

merce, tout dépend de l'impulsion donnée par
le pouvoir. Sous le gouvernement de la République, le pouvoir c'est le suffrage universel,
c'est-à-dire tout le monde. Pour voir fleurir et
prospérer les arts, les sciences, l'industrie, le
commerce, etc., que nous faut-il faire? Tout
simplement, de bons choix les jours de vote.

420

L'homme semble ne pouvoir être heureux
qu'en rendant les autres malheureux! O perversité humaine!

421

Je suis un déshérité parmi les malades. En
effet, presque tous connaissent la mesure de
leurs douleurs; ils savent qu'ils souffrent ou
ont souffert plus que tel ou tel. Pour moi, ne
sentant que mes maux et non ceux des autres,
je ne sais pas à quel degré de l'échelle des
douleurs il conviendrait de les placer.

422

Les cimetières, surtout dans les grandes villes, sont une cause d'insalubrité pour les habitants. Les cadavres en décomposition offrent un double danger au point de vue de la santé publique : 1º par les gaz délétères et miasmatiques qu'ils répandent dans l'atmosphère ; 2º par les principes putrides qu'ils cèdent aux eaux qui les traversent et qui vont plus loin alimenter les puits et les sources destinés aux besoins des populations.

Est-ce rationnel que les morts empoisonnent les vivants ?... Si non, pourquoi vous récrier contre la *crémation* qui fait disparaître tous les dangers.

Si l'action de brûler les corps froisse vos sentiments religieux ou autres, dites-moi en quoi vous trouvez plus respectueux le procédé actuel, qui consiste à livrer les dépouilles mortelles à la pourriture lente et en pâture aux vers au sein de la terre ?... La crémation, en réduisant la créature humaine en sa partie réellement incorruptible (ses cendres) nous laisserait un souvenir impérissable de ceux qui nous sont chers ! Aujourd'hui, le seul souvenir

qui nous reste c'est de savoir (quand on le sait)
la place où leur corps a été livré à la putréfac-
tion.

423

Que c'est donc beau une famille, un établissement, une société où tout travaille, s'accorde,
et où règne la bonne humeur !

424

Malades et infirmes, cessez vos murmures et
vos imprécations. Que prétendez-vous obtenir
par cette conduite injuste et ridicule ? La Providence, que vous accusez à tort, compatit
certainement à vos peines comme elle s'afflige
de toutes les tristes actions qui arrivent sur
terre : le vol, l'assassinat, la guerre, etc., mais
si elle s'est promis de laisser aller et de laisser
faire ?...

Vous vous récriez quand on viole les règle-
ments ici-bas ; alors, pourquoi vouloir que le
bon Dieu viole le sien ?...

425

Le soldat, le marin luttent, souffrent, meurent pour la communauté. Le premier, en assurant l'ordre et la défense de la patrie; le second, en assurant notre bien-être par l'échange de tous les produits. Ayons donc pitié d'eux.

426

Notre ennemi à tous, c'est l'ignorance. Guerre donc à l'ignorance.

427

L'oxyde de carbone est un poison foudroyant. Ce gaz meurtrier se produit plus ou moins dans toutes les combustions, surtout dans celle de la braise et du charbon de terre. Abstenons-nous donc de chauffer nos appartements avec du charbon de bois placé dans un appareil non en communication avec une cheminée, et ne fermons jamais entièrement la clé de nos poêles. Dès ce moment les journaux auront à enregistrer moins d'accidents.

428

Quiconque sollicite des louanges n'en mérite point.

429

La République ne repousse personne, même ses ennemis. Il suffit de venir à elle d'un cœur sincère et repentant.

EXTRAIT

DES

PENSÉES DE PASCAL

1

L'homme n'est qu'un roseau, le plus faible de la nature ; mais c'est un roseau pensant.

Toute notre dignité consiste dans la pensée ; travaillons donc à bien penser.

2

Il faut plaire à ceux qui ont les sentiments humains et tendres, et non aux âmes barbares et inhumaines.

3

Deux lois suffisent pour régler toute la république chrétienne : l'amour de Dieu, et celui du prochain.

4

Le cœur a ses raisons que la raison ne connaît pas.

5.

Dire la vérité est utile à qui on la dit, mais désavantageux à ceux qui la disent.

L'homme n'est que déguisement, que mensonge et hypocrisie, et en soi-même, et à l'égard des autres. Il ne veut pas qu'on lui dise la vérité, il évite de la dire aux autres ; et toutes ces dispositions, si éloignées de la justice et de la raison, ont une racine naturelle dans son cœur.

6

La misère porte au désespoir ; la grandeur inspire la présomption.

7

Tous les emportements, toute la violence et toute la fierté des grands viennent de ce qu'ils ne connaissent point ce qu'ils sont.

8

Les uns craignent de perdre Dieu, les autres de le trouver.

9

Voulez-vous qu'on dise du bien de vous ? n'en dites point.

10

L'art de persuader consiste autant en celui d'agréer qu'en celui de convaincre, tant les hommes se gouvernent plus par caprices que par raison.

11

Rien n'est plus lâche que de faire le brave contre Dieu !

Il n'y a que deux sortes de personnes qu'on puisse appeler raisonnables : ceux qui servent Dieu de tout leur cœur parce qu'ils le connaissent, ceux qui le cherchent de tout leur cœur parce qu'ils ne le connaissent pas encore.

12

La félicité des hommes consiste dans l'estime.

13

Il faut tâcher de ne s'affliger de rien, et de prendre tout ce qui arrive pour le meilleur. Je crois que c'est un devoir, et qu'on pèche en ne le faisant pas.

14

Les conditions les plus aisées à vivre selon le monde sont les plus difficiles à vivre selon Dieu.

15

Je n'admire point un homme qui possède une vertu dans toute sa perfection, s'il ne possède en même temps, dans un pareil degré, la vertu opposée. Ex : l'extrême valeur jointe à l'extrême bénignité.

16

La tyrannie consiste au désir de domination universelle et hors de son ordre.

17

Rien n'est plus commun que les bonnes choses : il ne s'agit que de les discerner. On s'élève
pour y arriver, et on s'en éloigne. Il faut le
plus souvent s'abaisser. Les meilleurs livres
sont ceux que chaque lecteur croit qu'il aurait
pu faire ; la nature qui seule est bonne, est
toute familière et commune.

18

L'opinion est la reine du monde, la force en
est le tyran.

19

Si l'homme n'est pas fait pour Dieu, pourquoi
n'est-il heureux qu'en Dieu? Si l'homme est
fait pour Dieu, pourquoi est-il si contraire à
Dieu?

20

Plaindre les malheureux sans les aider n'est pas d'un grand mérite.

21

La mort qui nous menace à chaque instant, doit nous mettre dans peu d'années, et peut-être en peu de jours, dans un état éternel de bonheur, ou de malheur, ou d'anéantissement. Il n'y a rien de plus réel que cela, ni de plus terrible. Faisons tant que nous voudrons les braves, voilà la fin qui attend la plus belle vie du monde.

Douter de l'immortalité de l'âme, c'est là un doute d'une terrible conséquence. Que ceux qui y vivent cherchent au moins, car celui qui doute et qui ne cherche pas est tout ensemble et bien injuste et bien malheureux. Car quelle consolation que de n'attendre jamais de consolateur ?

Qu'il se trouve des hommes indifférents à la perte de leur être, et au péril d'une éternité de misère, cela n'est point naturel. Ils sont tout

autres à l'égard de toutes les autres choses : ils
craignent jusqu'aux plus petites, ils les prévoient,
ils les sentent. Cette étrange insensibilité pour
les choses les plus terribles, dans un cœur si
sensible aux plus légères, est une chose mons-
trueuse et incompréhensible.

22

L'Ecriture dit : Souvenez-vous des biens dans
les jours d'affliction, et souvenez-vous de l'affliction dans les jours de réjouissance.

23

Mahomet s'est établi en tuant, Jésus-Christ
en faisant tuer les siens ; Mahomet en défendant
de lire, Jésus-Christ en ordonnant de lire.

24

La recherche sincère de la vérité donne le
repos ; connue, elle donne l'assurance.

25

De trente-trois ans, Jésus-Christ en vit trente sans paraitre. Dans les trois autres, il passe pour un imposteur : les prêtres et les principaux de sa nation le rejettent ; ses amis et ses proches le méprisent. Enfin il meurt d'une mort honteuse, trahi par un des siens, renié par l'autre, et abandonné de tous.

26

Les plus belles actions cachées sont les plus estimables.

27

Chacun a ses fantaisies contraires à son propre bien.

28

Les lois doivent être tenues pour justes puisqu'elles sont établies,

29

Il y a des gens qui voudraient qu'un auteur ne parlât jamais des choses dont les autres ont parlé ; autrement on l'accuse de ne rien dire de nouveau. Mais si les matières qu'il traite ne sont pas nouvelles, la disposition en est nouvelle. J'aimerais autant qu'on l'accusât de se servir des mots anciens.

30

L'homme n'est ni ange ni bête ; et le malheur veut que qui veut faire l'ange fait la bête.

31

Qui ne mourrait pour conserver son honneur serait infâme.

32

La vraie éloquence se moque de l'éloquence ;

la vraie morale se moque de la morale, c'est-
à-dire que la morale du jugement se moque de
la morale de l'esprit, qui est sans règle.

33

La justice sans la force est impuissante ; la
puissance sans la justice est tyrannique.

34

Nous faisons du néant une éternité, et de
l'éternité un néant.

35

La raison nous commande bien plus impé-
rieusement qu'un maître : car, en désobéissant
à l'un, on est malheureux ; et en désobéissant
à l'autre, on est un sot.

10

36

Les hommes se gouvernent plus par caprice que par raison.

37

D'où vient qu'un boiteux ne nous irrite pas et qu'un esprit boiteux nous irrite? C'est à cause qu'un boiteux reconnaît que nous allons droit, et qu'un esprit boiteux dit que c'est nous qui boitons ; sans cela nous en aurions plus de pitié que de colère.

38

Les rivières sont des chemins qui·marchent, et qui portent où l'on veut aller.

39

Vérité en deçà des Pyrénées, erreur au delà.

40

L'extrême esprit est accusé de folie comme l'extrême défaut. Rien ne passe pour bon que la médiocrité. C'est sortir de l'humanité que de sortir du milieu.

41

Peu de chose nous console, parce que peu de chose nous afflige.

42

La mort est plus aisée à supporter sans y penser que la pensée de la mort sans péril.

43

On n'aime jamais les personnes, mais seulement les qualités qu'elles réunissent.

44

L'exemple de la chasteté d'Alexandre n'a pas tant fait de continents que celui de son ivrognerie a fait d'intempérants.

45

Il n'y a de honte qu'à ne point en avoir.

46

Quelle chimère est-ce donc que l'homme ? Quelle nouveauté, quel chaos, quel sujet de contradiction ! Juge de toutes choses, imbécile ver de terre ; dépositaire du vrai, amas d'incertitude ; gloire et rebut de l'univers : s'il se vante, je l'abaisse ; s'il s'abaisse, je le vante ; et le contredis toujours, jusqu'à ce qu'il comprenne qu'il est un monstre incompréhensible.

47

La coutume fait nos preuves les plus fortes.

Qui a démontré qu'il sera demain jour, et que nous mourrons ? et qu'y a-t-il de plus universellement cru ?

48

Le Christ a été rejeté, méconnu, trahi, vendu, souffleté, moqué, affligé en une infinité de manières, abreuvé de fiel ; il a eu les pieds et les mains percés ; on lui a craché au visage ; enfin on l'a mis à mort et jeté ses habits au sort.

49

Nombre, temps, espace, quels qu'ils soient, on peut toujours en concevoir de moindres et de plus grands.

50

L'univers est une sphère infinie dont le centre est partout, la circonférence nulle part.

51

Les gens de guerre s'établissent par la force, les autres par grimaces.

Les Suisses s'offensent d'être dits gentilshommes, et prouvent la roture de race pour être jugés dignes de grands emplois.

52

C'est par les souffrances que Jésus-Christ connaît ses disciples.

53

L'homme est également éloigné de ces deux abîmes : l'infini et le néant. En effet, il est un néant à l'égard de l'infini, un tout à l'égard du néant, un milieu entre rien et tout.

54

L'avocat bien payé d'avance, trouve plus juste la cause qu'il plaide.

55

Peu de gens parlent du doute en doutant.

56

Le présent est le seul temps qui nous appartienne ; le passé et le présent sont nos moyens ; le seul avenir est notre objet.

57

La puissance des rois est fondée sur la folie du peuple.

58

Jésus-Christ est demeuré inconnu parmi les hommes. Tout son éclat n'a servi qu'à nous, rien pour lui.

59

L'homme qui n'aime que soi ne hait rien
tant que d'être seul avec soi, parce qu'il ne se
voit pas tel qu'il se désire.

Un roi qui se voit tout seul sans aucune satisfaction des sens, sans aucun soin dans l'esprit,
est un homme plein de misères, et qui les res-
sent comme un autre malgré sa dignité royale.

60

L'unique objet de l'Ecriture est la charité.

61

Qui veut délasser hors de propos, lasse.

62

La guerre intérieure de la raison contre les
passions a fait que ceux qui ont voulu avoir la

paix se sont partagés en deux sectes. Les uns
ont voulu renoncer aux passions et devenir
dieux ; les autres ont voulu renoncer à la raison,
et devenir bêtes. Mais ils ne l'ont pas pu, ni
les uns, ni les autres ; et la raison demeure
toujours, qui accuse la bassesse et l'injustice des
passions, et trouble le repos de ceux qui s'y
abandonnent ; et les passions sont toujours
vivantes dans ceux mêmes qui veulent y renoncer.

63

L'Inquisition et les Jésuites sont les deux
fléaux de la vérité.

64

Peu d'amitiés subsisteraient si chacun savait
ce que son ami dit en son absence.

65

La plus solide charité envers les morts est de
faire ce qu'ils ordonneraient s'ils étaient encore
au monde.

66

Les afflictions temporelles couvrent les biens
éternels où elles conduisent ; les joies temporelles couvrent les maux éternels qu'elles causent.

67

Diseur de bons mots, mauvais caractère.

68

La vue du mal corrige quelquefois mieux que
l'exemple du bien.

69

La dernière chose qu'on trouve, en faisant un
ouvrage, est de savoir celle qu'il faut mettre
la première.

AUTEURS DIVERS

―――❦――――

1

.Un honnête homme n'a jamais besoin d'affirmer par serment la vérité des faits qu'il avance : son caractère jure pour lui. (*La Bruyère.*)

2

La gravité est un mystère du corps inventé par les imbéciles pour cacher l'indigence de l'esprit. (*La Rochefoucauld.*)

3

Ce n'est pas par les lois que les sociétés méritent de vivre, c'est par l'amitié. (*Aristote.*)

4

L'habileté est toute dans l'honnêteté.

(*Gaulthier de Rumilly.*)

5

La République c'est le droit, rien que le droit, mais tout le droit. Elle ne reconnaît d'autre supériorité que celle qui résulte de la vertu, du talent ou des services rendus.   (*Gambetta.*)

6

Ne fais point aux autres ce que tu ne voudrais point qui te fût fait à toi-même.   (*Evangile.*)

7

Le travail, considéré dans les sociétés anciennes comme un signe de servitude et d'abaissement, est devenu dans nos sociétés modernes

le titre le plus solide, le plus indiscutable à
l'estime, au respect de tous, le moyen le plus
efficace de servir son pays et d'arriver à la
gloire. *(Teisserenc de Bort.)*

8

Il n'y a pas de honte à ignorer ce que l'on n'a
jamais été à même d'apprendre.
(Louis Henrique.)

9

La langue de l'homme est ce qu'il y a de
meilleur ou de pire. *(Esope.)*

10

Dans une société bien équilibrée, le respect de
la loi, chez les citoyens, est en raison de la situa-
tion élevée qu'ils occupent. *(Viollet-le-Duc.)*

11

La pauvreté n'est pas un vice. (*Fénelon.*)

12

Nous voulons que la République soit fidèle aux inspirations de la morale la plus élevée, respectueuse de tout ce qu'il y a de respectable et de sacré dans l'âme humaine, gardienne sévère de la constitution et des droits de l'Etat, prudemment, mais incessamment progressive, en un mot, vraiment conservatrice.

(Thiers et de Montalivet.)

13

La parole du sage qui explique la loi est plus forte que l'épée. (*le Coran.*)

14

Il n'y a au monde qu'une puissance, la conscience au service de la justice ; qu'une gloire, le génie au service de la vérité. (*Victor Hugo*.)

15

La sagesse consiste à prévoir le danger, à couper le mal dans sa racine et à faire la part du feu dans l'incendie.   (*Francisque Sarcey*.)

16

Nulle autorité ne saurait prévaloir contre la liberté des âmes.   (*Montalembert*.)

17

L'affirmation et l'opiniâtreté sont signes exprez de bêtise.   (*Montaigne*.)

18

De toutes les supériorités, la plus haute, comme la plus rare est celle de la raison.

(Charles Bigot.)

19

Les gouvernements qui durent sont ceux qui satisfont les besoins et les intérêts intellectuels et matériels d'une nation. *(Gaulthier de Rumilly.)*

20

Il n'y a rien de meilleur que l'agriculture, rien de plus digne d'un homme libre. *(Cicéron.)*

21

L'avenir appartiendra aux plus sages.

(Thiers.)

22

Patience et longueur de temps font plus que force ni que rage. *(La Fontaine.)*

23

L'obéissance passive fait trop souvent oublier l'obéissance aux lois. *(Denfert Rochereau.)*

24

Pour l'enfant l'école, pour l'homme mûr le travail, pour la France la paix et pour le citoyen la liberté. *(Gambetta.)*

25

Le droit du génie est le plus puissant de tous les droits de conquête. *(Charles Bigot.)*

26

Quand j'aurai vu et touché, je croirai.

(*Saint Thomas.*)

27

La crainte du Seigneur est le commencement de la sagesse. (*Evangile.*)

28

Plus l'homme avance en civilisation, plus il s'intéresse à ses origines et à ses destinées.

(*Henry Fouquier.*)

29

La vraie politesse consiste à penser des choses délicates et honnêtes. (*La Rochefoucauld.*)

30

J.-J. Rousseau nous a appris à penser; Voltaire, à sentir.   (*Francisque Sarcey*.)

31

Pour moi, j'ai une confiance invincible en la bonté de la pensée qui a fait l'univers.
                              (*E. Renan.*)

32

La femme doit se renfermer dans son ménage, doit plaire à son mari, gagner sa confiance et le charmer moins par sa beauté que par sa vertu.
                              (*Fénelon.*)

33

Si la science et la sagesse se trouvent unies en un même sujet, je ne m'informe plus du sexe, j'admire.   (*La Bruyère.*)

34

Les femmes dirigent les mœurs, et c'est par les mœurs, plus encore que par les lois, que se font les peuples.   (*Camille Sée.*)

35

Quand on a les dames pour soi, on est bien près de réussir.   (*de Lesseps.*)

36

Les peuples ne sont forts qu'à la condition d'avoir une foi politique commune.

(*de Marcère.*)

37

Celui-là qui est maître de l'éducation peut changer la face du monde.   (*Liebnitz.*)

38

Le travail est la condition de la vie humaine ici-bas, l'instrument de l'émancipation indivi-duelle et de la dignité morale. (*Charles Bigot.*)

39

Ce n'est pas au gouvernement de vous garan-tir vos profits ; garantissez-les vous-mêmes en surpassant vos compétiteurs, ou tout au moins en les égalant par votre activité, votre esprit d'ordre et votre intelligence. (*Robert Peel.*)

40

A l'œuvre on connaît l'artisan. (*La Fontaine.*)

41

L'intelligence humaine est un ensemble si bien lié dans toutes ses parties qu'un grand esprit est toujours un bon écrivain. La vraie méthode d'investigation supposant un jugement ferme et sain entraine les solides qualités du style. (*E. Renan.*)

42

N'en doutons pas, les sciences, les lettres et les beaux-arts ont été inspirés par un seul et même sentiment. (*Sophie Germain.*)

43

La première qualité d'une œuvre d'art est de plaire aux yeux. (*About.*)

44

Nous sommes corps et esprit et il ne faut oublier ni l'un ni l'autre. (*Salluste.*)

45

La vraie religion est celle qui relie les esprits
et les cœurs entre eux, et qui fonde le respect
de la dignité humaine sur la connaissance, toujours plus étendue, des devoirs sociaux et
moraux.   (*Gambetta.*)

46

Désormais la plus haute puissance gouver-
nante sera la pensée ; c'est l'autorité transformée
en liberté. Il n'y a plus d'autre loi que la conscience. Tels sont les deux aspects du progrès :
exercer son droit, c'est être un homme; accom-
plir son devoir, c'est être un citoyen.
                              (*Victor Hugo.*)

47

L'Église fonde l'organisation sociale sur la
charité, l'esprit moderne sur la justice.

La charité ne peut faire appel qu'à la foi ; la justice s'impose à tout homme quelles que soient ses opinions, ses croyances, ses espérances.

(Charles Bigot.)

48

La plus grande faute que puissent commettre la philosophie et la religion est de faire dépendre leurs vérités de telle ou telle théorie scientifique et historique ; car les théories passent et les vérités nécessaires doivent rester. L'objet de la religion n'est pas de nous donner des leçons de physiologie, de géologie, de chronologie ; qu'elle n'affirme rien en ces matières et elle ne sera pas blessée. Qu'elle n'attache pas son sort à ce qui peut périr. *(E. Renan.)*

49

La sincérité de la foi ne prouve rien en faveur de la vérité d'une doctrine ; sans quoi il y aurait bien des vérités contraires ici-bas.

(Charles Bigot.)

50

Si aujourd'hui les religions d'Etat sont nécessairement la vérité, il en a toujours été ainsi.
Est-ce qu'on oserait prétendre que les Etats ont
le droit, entre les diverses religions qui se pro-
fessent sur la terre, de décider laquelle est la
vraie ?   (*Royer-Collard.*)

51

L'opinion d'accord avec la vraie morale ne
distingue plus que deux catégories parmi les
hommes : les honnêtes gens — et les autres.
                          (*Charles Bigot.*)

52

On ne doit payer d'impôt qu'à l'Etat, et tout
droit protecteur n'est en réalité qu'un impôt
payé par la masse des consommateurs à un petit
nombre de particuliers qui produisent.
                          (*Bastiat.*)

53

Les meilleures lois sont celles qui laissent le moins de place à l'arbitraire. *(Eug. Liébert.)*

54

Ce qui tint si longtemps les mariages en honneur et en pureté fut la liberté de les rompre.
(Montaigne.)

55

Plutôt souffrir que mourir. *(La Fontaine.)*

56

L'Art, dans toutes ses manifestations, est l'expression de l'état d'esprit d'une civilisation.
(Henry Fouquier.)

57

Que d'objections n'adresse-t-on pas aux inventeurs au sujet de la longue durée de leurs brevets et du poids de l'impôt qu'ils prélèvent sur le consommateur ! Leur a-t-on jamais tenu compte de la durée de l'incubation de leur œuvre, des douleurs de son enfantement et des cruelles déceptions qui les attendent! (*Dumas*.)

58

Les caisses d'épargne scolaires sont pour les enfants pauvres l'apprentissage de l'économie, c'est-à-dire de la bonne conduite de leurs affaires. Par cet exercice quotidien de l'épargne, ils apprennent à modérer leurs besoins factices, à régler leur vie, à se dérober peu à peu aux tentatives des dépenses faciles ou malsaines, et à connaitre le prix des petites sommes, munitions infaillibles contre la misère accidentelle, origine parfois d'une vraie prospérité. Ces habitudes sobres, rangées, prévoyantes, *fortifient le sentiment de la famille* et préparent de bons citoyens, tandis que le gaspillage et l'imprévoyance en-

gendrent fatalement la pauvreté avec son cortège
de mauvais conseils.　　　　　(*Franklin.*)

59

N'est-il pas humiliant pour qui croit au progrès de l'humaine espèce, de voir tous les gouvernements tomber depuis trois siècles dans les
traquenards des jésuites !　　　(*Viollet-le-Duc.*)

60

Méfions-nous du premier mouvement.
　　　　　　　　　　　　(*Talleyrand.*)

61

En politique, il faut tout prendre au sérieux
et ne rien prendre au tragique.　　　(*Thiers.*)

62

Pour réussir, les jésuites osèrent tout, même
le bien.　　　　　　　　　　(*Mignet.*)

63

Laissez-leur prendre un pied chez vous, ils en auront bientôt pris quatre.   (*La Fontaine.*)

64

Ce que je crains, ce n'est pas l'hostilité des jésuites à la République : c'est le jour prochain où le Gésù se fera républicain.   (*Paul Bert.*)

65

La République ne peut périr que par sès propres fautes.   (*Thiers.*)

66

La prudence est mère de la sûreté.
     (*La Fontaine.*)

67

Avant la Révolution, il y avait en bas le peuple, au-dessus du peuple le clergé, la magistrature. Qu'était-ce que le peuple ? l'ignorance ; qu'était-ce que la religion ? l'intolérance; qu'était-ce que la justice ? l'injustice.   (*Victor Hugo.*)

68

Le plus sûr moyen pour combattre un ennemi, c'est de connaître exactement ses forces et ses moyens d'action.   (*Viollet-le-Duc.*)

69

Il faut que nous offrions à tous les individus de l'espèce humaine les moyens de pourvoir à leurs besoins, d'assurer leur bien-être, de connaître et d'exercer leur droit, d'entendre et de remplir leur devoir.   (*Condorcet.*)

70

Le travail de l'homme est d'autant plus productif que son intelligence est plus cultivée.
                    (*Horace Greeley.*)

71

Vous vous occupez sans cesse de capitaux et de machines, mais la première machine c'est l'homme, le premier capital c'est l'homme, et vous le négligez! Vous savez tourner à votre profit les plantes et les animaux, et vous avez des enfants dont vous ne savez rien faire.

(*Horace Mann.*)

72

Le monde n'appartient ni à la force ni au hasard, mais au génie, ce noble serviteur du droit. (*About.*)

73

Il n'y aura jamais d'homme plus puissant à mes yeux que le plus faible d'entre vous, s'il a pour lui la justice, et jamais homme ne me paraîtra plus faible que le plus puissant, s'il est injuste. (*Omar, calife.*)

74

La justesse dans l'esprit devient la justice dans le cœur. *(Victor Hugo.)*

75

L'homme ne naît ni bon ni mauvais; il naît avec des prédispositions et des tendances qu'il tient de ses ascendants. Ces prédispositions peuvent être modifiées par le milieu; de là l'influence presque toute-puissante de la famille et de la société pour rendre les hommes bons ou mauvais. L'individu peut aussi modifier ces prédispositions dès qu'il prend l'initiative de ses actes. *(Rambosson.)*

76

Tous les fanatismes, qu'ils soient sacrés ou profanes, sont dangereux et féroces.

(E. Littré.)

77

Favorisez comme un objet de première nécessité les institutions ayant pour but de généraliser la diffusion de l'instruction. Plus la forme du gouvernement donne d'empire à l'opinion publique, plus il est essentiel que l'opinion soit éclairée. (*Washington.*)

78

La République, c'est un équitable partage entre tous les enfants de la France du gouvernement de leur pays, en proportion de leurs forces, de leur importance, de leurs mérites.

(*Thiers.*)

79

Rien ne lie plus que des devoirs communs.

(*E. Renan.*)

12

80

L'Etat doit l'instruction primaire à tous les citoyens sans distinction; l'instruction supérieure à tous les capables.   (*Constituante.*)

81

Il se faut entr'aider, c'est la loi de nature.

(*La Fontaine.*)

82

Le genre humain a une maladie, la haine. La haine est mère de la guerre ; la mère est infame, la fille est affreuse. Haine à la haine ! Guerre à la guerre !   (*Victor Hugo.*)

83

Aimez-vous les uns les autres.

(*Jésus-Christ.*)

84

La suprême satisfaction en ce monde est d'avoir, quand même et toujours été fidèle à l'amitié, à la conscience, au devoir ! (*Bardoux.*)

85

Nous connaissons l'étendue de nos devoirs envers la France et envers la République et nous sommes décidés à les remplir.

(*Denfert-Rochereau.*)

86

J'aime mieux l'honneur avec la pauvreté que le remords avec la richesse. (*Michaud, abbé.*)

87

Le pauvre est sacré, s'il est honnête.

(*Cuvillier-Fleury.*)

88

C'est parmi les petits et les faibles que se réfugie quelquefois la dignité de l'espèce humaine.   (*de Rémusat.*)

89

La vertu n'appartient qu'à un être faible par sa nature, fort par sa volonté. (*J.-J. Rousseau.*)

90

Quand donc sera-t-il possible de voyager sur la terre sans y trouver à chaque pas quelque variante de la barbarie, de l'abjection et de la bêtise humaine ?   (*Charles Blanc.*)

91

Il y a deux choses dont personne n'est responsable, par la bonne raison qu'il n'a choisi ni l'une ni l'autre : la religion où il est né et l'éducation qu'il a reçue. C'est à partir du moment où l'homme devient homme, où il a acquis l'intelligence pour réfléchir et la liberté pour agir, qu'on peut lui demander compte de ses actions.

(*Charles Bigot.*)

92

Il est honteux, mais ordinaire, de voir des femmes qui ont de l'esprit et de la politesse ne savoir pas bien prononcer ce qu'elles lisent.

(*Fénelon.*)

93

Encore que je sois l'ennemie déclarée de toutes les femmes qui font les savantes, je ne laisse pas de trouver l'autre extrémité très condamnable, et d'être souvent épouvantée de voir tant de femmes de qualité avec une ignorance si grossière qui déshonore notre sexe.

(Melle *Scudéry.*)

94

Le peuple qui a les meilleures écoles est le premier ; s'il ne l'est pas aujourd'hui, il le sera demain. *(Jules Simon.)*

95

Quoi ! vous vous assurez contre l'incendie, contre la grêle, contre les accidents, les blessures, la mort, et vous négligeriez de vous assurer contre l'ignorance, fléau bien autrement redoutable. *(Charles Dollfus.)*

96

C'est à nous de relever le pays en relevant l'instruction, en moralisant les âmes, en éclairant les esprits, en répandant partout la lumière, car c'est ainsi que nous répandrons la liberté, la paix et le bonheur. *(Jules Simon.)*

97

Ce n'est pas seulement par l'éducation qu'un

bon citoyen se forme, que la loyauté, le patriotisme et l'ordre public sont assurés. C'est par
des lois favorables au développement de l'industrie, de la sobriété, de l'économie, de la santé
publique et des plaisirs rationnels, et par la
diffusion des droits et des jouissances attachés à
la possession de la propriété sous toutes ses
formes.   (*Napier.*)

98

La véritable assise des sociétés humaines c'est
la raison guidée par l'instruction et la justice, le
droit accordé à tous les citoyens d'avoir leur
part dans le gouvernement de la nation et d'y
défendre leurs intérêts.   (*Charles Bigot.*)

99

Depuis que notre immortel dix-huitième siècle
a fait prévaloir le dogme de la tolérance, la
société se partage en deux couches : les civilisés
qui sont tolérants, et les barbares qui sont in-
tolérants.   (*E. Littré.*)

100

La nation seule est souveraine. La République est la forme de gouvernement au moyen de laquelle s'exerce sa souveraineté.   (*Thiers.*)

101

O conservateurs! ils perdraient cent mille gouvernements!   (*Lamartine.*)

102

La République est le gouvernement qui nous divise le moins.   (*Thiers.*)

103

Toute maison divisé contre elle-même est une maison destinée à périr.   (*Évangile.*)

104

La paix est la vertu de la civilisation, la guerre
en est le crime. *(Victor Hugo.)*

105

Qui veut servir le peuple commence par ne
pas le flatter ; qui veut s'en servir commence
par le flatter. *(Charles Dollfus.)*

106

La République existe ; elle est le gouvernement légal du pays ; vouloir autre chose serait
une nouvelle révolution et la plus redoutable de
toutes. *(Thiers.)*

107

Hélas ! les rois s'acharnent à la guerre ; nous,
les peuples, acharnons-nous à l'amour.
(Victor Hugo.)

108

Vous, illustres martyrs de la cause du peuple, vous ne périrez point tout entiers ; l'immortalité vous réclame !... Et vous tyrans, n'espérez point périr, l'immortalité vous réclame aussi, pour punir vos trop longs forfaits !   (*Morecl.*)

109

Je n'ai jamais été ni sceptique ni matérialiste, car je suis certain de l'existence de la matière hors de moi-même, et je crois à l'existence d'un être divin, créateur d'une double harmonie : l'harmonie qui régit le monde inanimé et que révèlent d'abord la science de la mécanique céleste et la science des phénomènes moléculaires, puis l'harmonie qui régit le monde organisé vivant. Mon esprit n'a jamais pu concevoir que cette double harmonie, ainsi que la pensée humaine, ait été le produit du hasard.

(*Chevreuil.*)

110

Pour sonder l'avenir, il faut sonder le passé.

(Arsène Houssaye.)

111

Si nous ne sommes pas les serviteurs de la pensée divine, que sommes-nous? *(Lamartine.)*

112

La sagesse est un trésor qui n'embarrasse point. *(La Fontaine.)*

113

Le bien est, comme la vérité, la seule chose qui dure dans la mémoire des hommes.

(Thiers.)

114

Si c'est une lâcheté que de souffrir qu'on dise du mal de son ami absent, c'est un crime que de souffrir qu'on dise du mal de son Dieu qui est présent, et moi, messieurs, je crois en Dieu.

(*J.-J. Rousseau.*)

115

Dans une âme bien née, tous les bons sentiments doivent et peuvent former une sainte alliance où la force de chacun devient la force de tous. (*E. Legouvé.*)

116

La foi n'est pas le commencement, mais la fin de tout savoir. (*Gœthe.*)

117

Voltaire déclara la guerre à toutes les iniqui-

tés sociales. Et quelle était son arme? Celle qui
a la légèreté du vent et la puissance de la foudre :
la plume. Avec cette arme, il a vaincu.

(*Victor Hugo.*)

118

Il faut, autant qu'on peut, obliger tout le
monde ; on a souvent besoin d'un plus petit que
soi. (*La Fontaine.*)

119

Pour devenir le plus puissant, l'homme devait
commencer par être le plus faible. C'est de cette
manière qu'il a été amené à développer ses apti-
tudes supérieures. Ce ne pouvait être par sa
force corporelle, mais par sa force morale, qu'il
devait un jour devenir le roi de la création et le
maître de la terre. (*Vilsson.*)

120

Les qualités intellectuelles qui nous distinguent

ne nous exemptent pas d'être sujets aux lois
physiques qui règlent la nature.   (*Quételet.*)

121

Tout ce qui sort des limites de l'expérience
est pour nous transcendant, c'est-à-dire inac-
cessible.   (*Jules Soury.*)

122

L'absolu, de quelque genre qu'il soit, n'est
ni du ressort de la nature, ni de celui de l'esprit
humain.   (*Buffon.*)

123

Pour ceux chez qui la volonté s'est niée, notre
monde, ce monde réel avec ses soleils et sa voie
lactée, qu'est-il? — Rien.   (*Schopenhauer.*)

124

L'industrie cherche l'utile, la philosophie cherche le vrai, la littérature cherche le beau. L'utile, le vrai, le beau, voilà le triple but de tout l'effort humain ; et le triomphe de ce sublime effort, c'est la civilisation entre les peuples et la paix entre les hommes.   (*Victor Hugo.*)

125

Il n'y a que deux sortes de métiers : les métiers honnêtes et les métiers déshonnêtes ; il n'y a plus que deux sortes d'hommes : les coquins et les braves gens !   (*E. Legouvé.*)

126

Est-il une propriété plus sacrée que celle du travail et du talent ?   (*Charles Bigot.*)

126

Pourquoi donc les traités ne m'assurent-ils

pas la propriété du livre que j'ai fait, quand ils me garantissent la propriété du champ que je n'ai pas créé et de la maison que je n'ai point bâtie ?   (*About.*)

128

Tout ce qui est bon à prendre est bon à garder.
                    (*Basile.*)

129

Le livre, comme livre, appartient à l'auteur, mais, comme pensée, il appartient au genre humain.   (*Victor Hugo.*)

130

Trésor de charité, seul trésor qui s'augmente par le partage.   (*Stanislas, roi.*)

131

Donnez à manger à ceux qui ont faim, donnez à boire à ceux qui ont soif, donnez à se vêtir à ceux qui ont froid : telle est la charité de l'Evangile, et telle est aussi la charité de la République, ce gouvernement de la justice.

(*Charles Bigot.*)

132

Il faut traiter nos domestiques comme des amis tombés dans le malheur.

(*Marquise de Lambert.*)

133

Le mariage est la plus pleine, la plus intime et la plus sainte des unions qui puissent exister entre deux créatures humaines.

(*Hyacinthe Loyson.*)

134

Qu'un véritable ami est une douce chose !

(*La Fontaine.*)

135

L'Eglise prêche le célibat et tolère le mariage;
l'Etat pousse de toutes ses forces au mariage et
tolère le célibat.   (*Eugène Bonnemère.*)

136

Croissez et multipliez, remplissez la terre.
                              (*Jésus-Christ.*)

137

Obstinément fidèle aux principes de l'Eglise
catholique, je ne me sens en aucune manière
lié par ses abus, et je suis persuadé que les
vœux perpétuels sont au rang des plus funestes.
                          (*Hyacinthe Loyson.*)

138

Tout est tentation pour qui la craint.
                              (*La Bruyère.*)

139

Que le prêtre gouverne bien sa propre maison,

tenant ses enfants dans la soumission et dans toute sorte d'honnêteté ; car si quelqu'un ne sait pas conduire sa famille, comment pourra-t-il gouverner l'Eglise de Dieu ?   (*Saint Paul.*)

140

. Il n'y a pire ressentiment que ces fâcheux amours-propres qu'on ne blesse pas, mais qui se blessent.   (*Camille Rousset.*)

141

La haine prend son bien où elle croit le trouver.   (*Charles Bigot.*)

142

Toute la sagesse humaine tient dans ces deux mots : Conciliation et Réconciliation ; conciliation pour les idées, réconciliation pour les hommes.   (*Victor Hugo.*)

143

Le catholique, c'est celui qui demande à la

société civile de le protéger dans l'exercice de son culte ; le clérical, c'est celui qui demande à la société civile de se soumettre au dogme.

(*Paul Bert.*)

144

Plus fait douceur que violence. (*La Fontaine.*)

145

La Société de Jésus est le plus grand instrument de servitude mentale qui ait jamais été inventé. (*Gladstone.*)

146

On n'enrégimentera pas au service de la contre Révolution ceux que la Révolution a affranchis.

(*Charles Bigot.*)

147

La conscience et l'honneur ont des élans qui secouent toute discipline. (*F. Ducuing.*)

148

Depuis la déchéance des opinions qui placent dans le ciel l'origine de la souveraineté, le suffrage universel *est le seul pouvoir qui ait force et légitimité*. Mais il n'est pas impeccable. Il doit donc veiller de très près sur sa conduite.

(*E. Littré.*)

149

De bonnes élections sont le salut de la démocratie, de mauvaises élections sa perte.

(*Charles Dollfus.*)

150

Il y a deux maladies qui travaillent notre société : la maladie d'une certaine partie de la bourgeoisie, c'est la peur ; et la maladie d'une certaine partie du prolétariat, c'est l'envie.

(*Emile Deschanel.*)

151

Les plus grands ennemis des travailleurs ne sont-ils pas souvent les travailleurs ? Avant de s'en prendre à la société de tous les maux qu'ils souffrent, ne devraient-ils pas s'en prendre à eux-mêmes? *(Mézières.)*

152

Tout ce que les ouvriers peuvent demander pour l'avenir de leur classe est subordonné à leur *éducation*. L'éducation donne immédiatement de grands avantages à l'individu et à la famille; elle est le moyen sûr de préparer cette solution de la question sociale, solution unique: l'*association.*

(délégués ouvriers de Clermont-Ferrand.)

153

L'aristocratie dans la démocratie se compose de tout ce qui a lumière, habileté, autorité. Or, la République actuelle telle qu'elle existe, fait appel à toutes ces forces. La sagesse démocratique doit se confier à elles. *(E. Littré.)*

154

Nous voulons que la République fasse le peuple libre, heureux et respecté.

(Challemel-Lacour.)

155

La démocratie véritable, ce n'est pas l'écrasement de la bourgeoisie ; c'est l'ascension continuelle du peuple par l'intelligence et par le travail, et sa transformation successive en une sorte de bourgeoisie universelle.

(*Emile Deschanel.*)

156

Au dix-neuvième siècle, le blanc a fait du noir un homme ; au vingtième siècle, l'Europe fera de l'Afrique un monde.   (*Victor Hugo.*)

157.

Montrons-nous à la hauteur de toutes les tâches comme de tous les devoirs, et s'il n est pas donné à tous d'atteindre aux sommets élevés de la gloire, laissons du moins après nous, avec quelques services rendus, une mémoire pure et honorée, un nom sans tache et de bons exemples à ceux qui auront un jour, après nous, la responsabilité des destinées de la France et de la République.   (*Lepère.*)

158

Nous convenons qu'un artisan ne saurait faire convenablement son travail sans instruc-tion spéciale ; mais nous n'avons rien de semblable pour ceux à qui nous confions nos destinées, nos fortunes et notre honneur. On s'attend à ce qu'un pair nagera d'instinct sur l'élément politique comme un canard sur l'eau.

(*Rosebery.*)

159

Y a-t-il rien de plus bizarre que de voir comme on agit d'ordinaire en l'éducation des femmes? On ne veut pas qu'elles soient coquettes ni galantes, et on leur permet pourtant d'apprendre longuement tout ce qui est propre à la galanterie, sans leur permettre de rien savoir qui puisse occuper leur esprit ni fortifier leur vertu.

(Melle *Scudéry.*)

160

Il semble que nous ayons le goût des ruines

en morale, comme en architecture, et que nous aimions mieux ce qui est à moitié tombé que ce qui est resté debout.   (*Saint-Marc Girardin.*)

161

La première vertu de l'honnête homme est de ne désespérer jamais ni de son temps ni de son pays.   (*Caro.*)

162

Fondation de la République, relèvement de la France: tels sont les deux grands services que M. Thiers a eu le bonheur de rendre à son pays ; tels seront ses plus beaux titres aux yeux de la postérité.   (*Jules Grévy.*)

163

M. Thiers descendu du pouvoir restait pour tous une lumière, et pour la France une protection.   (*Jules Simon.*)

164

En politique, on ne va jamais si loin que lorsqu'on ne sait pas où l'on va.   (*Cromwell.*)

165

Les partis en France, ceux qui sont dans le cercle de la constitution comme ceux qui sont en dehors, excellent surtout à ne pas vouloir ; ce qu'ils savent le mieux, c'est ce qu'ils ne veulent pas. Pour nier, pour détruire, ils s'entendent à merveille, mais, pour agir, ils s'accordent fort peu. L'action les gêne et les embarrasse. Ils sont négatifs : c'est là le trait caractéristique de leur nature. *(Saint-Marc Girardin.)*

166

La France sera républicaine ou cosaque.
(Napoléon.)

167

Quand les heures funestes sonnent, nous demandons aux rois d'épargner la vie des peuples, et nous demandons aux Républiques d'épargner la vie des empereurs. *(Victor Hugo.)*

168

Ceux qui sanctionnent par une acceptation

coupable les caprices des pouvoirs absolus et tyranniques, ne sont pas moins destructeurs de l'ordre que ceux qui abusent de la liberté.

(*Michaud, abbé.*)

169

La religion n'est pas une église ; ceux qui y portent l'esprit de désordre et d'envahissement ne sont pas les représentants authentiques de Jésus-Christ. (*Lichtenberger.*)

170

Une grande mission implique de grands devoirs. (*Joubers.*)

171

Ne trouvez vous pas, messieurs, que les hommes sont trop sévères les uns pour les autres? On s'anathématise, on se traite de haut en bas, quand souvent de part et d'autre, c'est l'honnêteté qui insulte l'honnêteté, la vérité qui injurie la vérité. (*E. Renan.*)

172

Il ne faut pas, messieurs, disposer du ciel pour nous et nos amis et en chasser les autres. Une église ne doit jamais dire : Hors de mon sein point de salut. *(Bouiller.)*

173

Une erreur sincère a droit à un certain respect.
(Hérold.)

174

Combien de saints sous l'apparence de l'irréligion ! *(E. Renan.)*

175

L'Esprit divin s'affirme par la paix et l'Esprit humain par la liberté. *(Victor Hugo.)*

176

Il n'y a rien de si aisé aux rois et aux grands que d'être aimables, parce qu'un simple mot d'affabilité comble de joie l'homme auquel il s'adresse. *(La Bruyère.)*

177

Le mariage est à la fois un sacrement et un contrat. Comme sacrement, il ne dépend que de la loi canonique, mais comme contrat il ne relève que de la loi laïque.   (*E. Legouvé.*)

178

Une église pour chaque croyance, puisqu'il y en a plusieurs ; mais une même école pour tous les citoyens, parce qu'ils sont tous hommes et Français.   (*Francisque Sarcey.*)

179

L'instruction est la première et la vraie solution des questions sociales. (*Emile Deschanel.*)

180

Ce qu'il faut respecter, c'est l'ensemble de la nation et non pas le vœu isolé d'un département.
                    (*Ledru-Rollin.*)

181

Les époux séparés passent leur vie à désirer mutuellement leur mort... Bien heureux quand ils ne font que la désirer ! Au contraire, les époux divorcés, n'étant plus compagnons de boulet, ne se détestent plus, et quelquefois même ils se regrettent...   (*E. Legouvé.*)

182

De toutes les causes capables de produire les maladies du cœur, les plus puissantes sont les affections morales.   (*Dr Corvisart.*)

183

La caserne est une école et non une prison ; le service militaire une mission patriotique et non un impôt.   (*Louis Henrique.*)

184

M. Thiers avait demandé qu'on se préparât à la guerre en maintenant la paix. On se jeta dans la guerre sans s'y être préparé. (*Henri Martin.*)

185

Hélas ! on voit que de tout temps les petits ont pâti des sottises des grands.   (*La Fontaine*.)

186

Il n'y a d'armées victorieuses que les armées disciplinées.   (*Gambetta*.)

187

Rien à l'ancienneté, tout au travail, depuis le grade le plus humble jusqu'au plus élevé.

(*Louis Henrique*.)

188

Le bourgeois d'aujourd'hui, c'est l'ouvrier d'hier, qui a travaillé, qui a épargné ; l'ouvrier d'aujourd'hui, c'est le bourgeois de demain, — s'il fait de même.   (*Emile Deschanel*.)

189

La séparation de corps crée autant de ménages irréguliers qu'elle en déshonore de légitimes ;

elle fait des enfants les témoins, les juges des fautes de leurs parents ! C'est donc au nom des enfants que je réclame le divorce, car la séparation les déprave et les torture. (*E. Legouvé.*)

190

Il n'est pas de douleur plus grande que de se rappeler le bonheur passé dans la misère présente. (*Dante.*)

191

Les filles, même dans les pensionnats les plus élevés, reçoivent une instruction futile, incomplète, toute d'arts d'agrément, mais sans rien de sérieux ni d'élevé. Elles que la nature a douées d'une intelligence si ouverte, d'un tact si sûr, d'une sensibilité si délicate et si fine, qui sont faites pour comprendre ce qu'il y a de plus grand dans les lettres et pour s'y plaire, qui seraient pour nous des compagnes d'études si utiles et si charmantes, nous les réduisons à n'être plus que des idoles parées.

Il faudrait faire d'elles les compagnes intellectuelles de leurs maris. L'instruction qu'on leur donne aujourd'hui ne les prépare point à ce rôle. Un des grands malheurs de la société actuelle, c'est la séparation de plus en plus considérable qui s'établit entre l'homme et la femme, l'homme allant dans les clubs, se livrant aux exercices de sport, se déshabituant de la vie d'intérieur, et la femme réduite à vivre avec d'autres femmes, loin du cœur et de l'esprit de son mari. (*Jules Simon.*)

192

S'il est difficile de se créer de bonnes relations, il est plus difficile encore de se débarrasser des mauvaises. (*Viollet-le-Duc.*)

193

Le goût est à lui-même son propre juge.
(*Lamartine.*)

194

L'homme a besoin de l'estime de l'homme, et les nations ont besoin de l'estime des nations.
(*Thiers.*)

14

195

On a toujours raison, le destin toujours tort.

(*La Fontaine.*)

196

Voltaire a vaincu la violence par le sourire, l'infaillibilité par l'ironie, l'ignorance par la vérité. (*Victor Hugo.*)

197

Il faut que, comme la conscience, la pensée soit libre. (*Louis Blanc.*)

198

L'homme ignore ce que sont les choses en elles-mêmes, il ne connaît que la manière dont elles affectent son organisme. (*Jules Soury,*)

199

Croire que le bonheur existe dans une ambition fiévreuse plutôt que dans une affection tendre et simple ; c'est croire que l'immensité

de la mer doit plus facilement étancher la soif
que l'eau pure et limpide d'une humble fontaine.   (*Emile Castelar.*)

200

L'amour de la gloire est de toutes nos passions celle qui survit le plus longtemps, même
parmi les sages, à toutes les autres. (*Tacite.*)

201

Mon unique ambition était de voir mon pays
juste et libre.   (*de Lafayette.*)

202

Les constitutions valent, non par leur pré-
ambule, mais par la manière dont on les fait
fonctionner.   (*Gambetta.*)

203

L'art de la politique est l'art de faire chaque
chose en son temps.   (*Charles Bigot.*)

204

Chaque peuple, comme chaque individu, est le véritable facteur de sa propre grandeur ou de sa propre misère. *(Jules Simon.)*

205

La grande supériorité n'est que le moyen de considérer les choses sous un point de vue où elles deviennent faciles, ou l'esprit les embrasse et les suit sans efforts. *(Sophie Germain.)*

206

Comme Washington, dont les origines et les tendances premières n'étaient ni républicaines ni démocratiques, M. Thiers était parti d'autres données politiques que celles auxquelles il est arrivé et qu'il a réalisées. *(Henri Martin.)*

207

Les souvenirs embellissent la vie, mais l'oubli seul la rend possible. *(Henri Cialdini.)*

208

Ceux-là ont mérité leur malheur, qui n'ont pas su en tirer profit.

(*Alexandre Dumas fils.*)

209

Le malheur de la pauvreté c'est qu'elle expose à la raillerie.　　　(*Juvénal.*)

210

De tous les capitaux, le plus fécond, le plus productif, c'est l'instruction.

(*Charles Bigot.*)

211

La science coûte cher, mais beaucoup moins que l'ignorance.　　(*Charles, recteur.*)

212

L'humanité marche à présent d'une telle vitesse, qu'il ne suffit pas de continuer à faire bien : il faut faire mieux ou périr.

(*Jules Simon.*)

213

Les esprits solitaires et orgueilleux s'appli-
quent rarement les leçons qu'ils donnent.

(*Mézières.*)

214

Ne nous lassons pas de répéter parmi les
peuples et parmi les hommes ces mots sacrés :
Union, oubli, pardon, concorde, harmonie.

(*Victor Hugo.*)

TABLE DES MATIÈRES

www.ingramcontent.com/pod-product-compliance
Lightning Source LLC
Chambersburg PA
CBHW060029100426
42740CB00010B/1655